Elisabeth Bangert

Kleine Kuchen & Torten

Großes Kuchenglück in kleiner Form

EDITION XXL

Inhalt

Ratgeber 4

Rezepte 8

    für die Napfkuchenform 8

    für die 6er-Maxi-Gugelhupf-/Muffinform 18

    für das Kinderbackset 22

    für die Königskuchenform 24

    für die 6er-Königskuchenform 30

    für das 2er-Set Herz-Springform 40

    für 5 kleine Herzformen in großer Springform .. 42

    für die Springform 48

    für das verschiebbare Backblech 76

Register 80

Bitte beachten Sie die Angaben zu den Backformen und Einfüllmengen auf Seite 6–7!

Vorwort

Kennen Sie das? Der Besuch ist weg und große Mengen Kuchen sind übrig geblieben. Dabei haben Sie gar keine Lust, am nächsten und vielleicht übernächsten Tag wieder Kuchen zu essen. Also nehmen Sie sich vor, in Zukunft weniger zu backen. Aber nur eine Kuchensorte für die Gäste? Das ist auch nicht die Lösung ...

Probieren Sie doch lieber einmal unsere köstlichen Rezepte für kleine Kuchen und Torten. Damit sorgen Sie für Abwechslung auf der Kaffeetafel: Statt einem großen Stück können Sie Ihren Gästen zwei oder sogar drei verschiedene Leckereien anbieten.

Für kleine Familien, Paare oder Singles lohnt es sich meist nicht, einen großen Kuchen zu backen. Hier sind Kuchen im Mini-Format ideal, um die Kuchenlust zu befriedigen. Natürlich können Sie die kleinen Köstlichkeiten auch mitnehmen, z.B. ins Büro oder zum Picknick. Schön verpackt sind sie außerdem ein bei allen Naschkatzen willkommenes Geschenk!

Auch bei Kindergeburtstagen kommen kleine Kuchen immer gut an, sei es in Form von Muffins, Herzen oder Bärchen – vor allem, wenn sie dann noch liebevoll dekoriert sind. Und sogar für Figurbewusste und Abnehmwillige sind kleine Kuchen die ideale Nascherei: Schließlich macht es durchaus einen Unterschied in der Kalorienbilanz, ob Sie ein großes oder ein kleines Stück Torte naschen.

Lassen Sie sich von der verführerischen Auswahl, die ich für Sie zusammengestellt habe, inspirieren. Verwöhnen Sie Ihre Gäste oder Ihre Familie mit einem Mini-Gugelhupf, mit Johannisbeerküchlein oder Schokoladenherzen – nach dem Motto: Kleine Kuchen, großer Genuss!

Viel Spaß beim Backen
wünscht Ihnen

Elisabeth Bangert

Ratgeber – für gutes Gelingen

Zutaten

Mehl

Es gibt verschiedene Mehlsorten, die zum Kuchenbacken geeignet sind. Das bevorzugte Haushaltsmehl ist *Weizenmehl Type 405*. Es enthält wenig Ballaststoffe und ist ziemlich geschmacksneutral, weshalb man es gerne für feine Torten, Plätzchen und Kuchen verwendet. *Weizenmehl Type 1050* ist etwas dunkler und eignet sich gut zum Backen von Brot und anderen herzhaften Teigwaren. Für Brot und Brötchen ist *Weizenvollkornmehl* eine gute Wahl. Das Weizenkorn wird hier mit Schale und Kern vermahlen und das Mehl enthält deshalb viele Vitamine, Mineral- und Ballaststoffe.

Beim Backen lässt sich Weizenmehl problemlos durch *Dinkelmehl* ersetzen. Dinkel enthält weitaus weniger Gluten als Weizen, aber mehr Nähr- und Mineralstoffe. Wer unter Glutenunverträglichkeit leidet, sollte auf eines der *glutenfreien Mehle* zurückgreifen, die inzwischen im Handel angeboten werden.

Fette

Zum Kuchenbacken sind *Butter* und *Margarine* gleichermaßen geeignet. Wer sich für Butter entscheidet, sollte diese rechtzeitig vor Backbeginn aus dem Kühlschrank nehmen, da sie sonst zu fest ist. Manchmal wird auch *Speiseöl* zum Backen verwendet. In diesen Fällen nimmt man am besten Sonnenblumen- oder Maiskeimöl, da diese Öle geschmacksneutral sind.

Zucker

Raffinierter *Haushaltszucker* wird beim Backen am häufigsten verwendet. Er wird aus Zuckerrüben gewonnen und eignet sich aufgrund seiner Feinkörnigkeit gut zur Herstellung von feinen Backwaren und Süßspeisen. *Puderzucker* ist fein gemahlener Zucker, der vor Gebrauch gesiebt werden sollte. Man nimmt ihn zum Bestäuben des fertigen Gebäcks oder zum Anrühren von Zuckerguss. *Rohrzucker* wird aus Zuckerrohr gewonnen. Er schmeckt leicht nach Karamell, weshalb er nicht für alle Backrezepte geeignet ist.

Eier

Verwenden Sie zur Herstellung von Backwaren nur frische Eier. Wenn Sie nicht sicher sind, schlagen Sie die Eier einzeln auf, um die Frische zu prüfen. Eier werden in vier verschiedenen Gewichtsklassen angeboten. Für die Rezepte in diesem Buch verwenden Sie am besten Eier mittlerer Größe.

Weitere Backzutaten

Ein einfacher Rührteig lässt sich mit vielerlei Zutaten zu abwechslungsreichen Kuchen ergänzen. Besonders beliebt ist *Vollmilch-* oder *Zartbitterschokolade*, die man dem Teig gerieben oder in Form von Raspeln, Tropfen oder Stückchen zugibt. Geschmolzene *Blockschokolade* oder *Kuvertüre* eignet sich nicht nur als Überzug, sondern kann auch zerkleinert unter den Teig gehoben werden.

Nüsse und *Mandeln* entfalten ihr Aroma besonders gut, wenn man sie vor dem Reiben auf einem Blech im Backofen röstet. Fertig gekaufte gemahlene Nüsse und Mandeln sind eine schnelle Alternative.

Trockenfrüchte wie Rosinen, Pflaumen oder Feigen machen den Teig schwer, saftig und aromatisch. Sie können sie zusätzlich in Rum oder Likör tränken, sollten sie dann aber ausdrücken, bevor Sie sie unter den Teig heben.

Die abgeriebene Schale von Zitronen oder Orangen verleiht dem Teig ein fruchtiges Aroma. Achten Sie unbedingt darauf, dass die Früchte unbehandelt sind, oder verwenden Sie fertig gekauften *Zitronen-* oder *Orangenabrieb*.

Vanille ist eine oft verwendete Zutat. Wesentlich geschmacksintensiver als künstliches Aroma ist das Mark einer Vanilleschote: Schneiden Sie die Schote der Länge nach auf und kratzen Sie das Mark heraus.

Stäbchenprobe

Um festzustellen, ob Ihr Kuchen fertig gebacken ist, sollten Sie kurz vor Ende der im Rezept angegebenen Backzeit die Stäbchenprobe durchführen: Stechen Sie mit einem Holzstäbchen (z.B. einem Zahnstocher oder einem Schaschlikspieß) in die Oberfläche des Kuchens. Bleibt an dem Stäbchen nach dem Herausziehen Teig kleben, dann muss der Kuchen noch länger im Ofen bleiben. Ist das Stäbchen aber trocken geblieben, dann können Sie den Kuchen aus dem Ofen nehmen.

Tipp

Vanillezucker selbst herstellen

Wenn Sie die ausgekratzte Vanilleschote in einen Behälter mit Zucker legen, gibt sie ihr Aroma an den Zucker ab. Bereits nach einigen Tagen ist der selbst hergestellte Vanillezucker fertig!

Backformen

Für die Rezepte in diesem Buch benötigen Sie verschiedene Formen, die eines gemeinsam haben: Sie sind kleiner als die üblichen Backformen! Im Handel finden Sie eine große Auswahl an Backformen in unterschiedlichen Größen und Formen. Achten Sie beim Kauf auf gute Qualität: Eine hochwertige Antihaftbeschichtung ermöglicht das leichte Lösen des Backguts, verbessert die Bräunung und lässt sich leicht reinigen.

Auch Silikonformen haben den Vorteil, dass sich das Backwerk gut aus der Form lösen lässt. Außerdem gibt es in Silikonausführung eine sehr große Vielfalt an Formen und Farben.

Wenn Sie keine kleinen Backformen zur Verfügung haben, können Sie sich mit einem Backblech und einem Tortenring behelfen: Kleiden Sie das Backblech mit Backpapier aus, setzen Sie den Tortenring darauf und stellen Sie die gewünschte Größe ein. Schlagen Sie das Backpapier rund um den Ring ein, damit kein Teig herauslaufen kann.

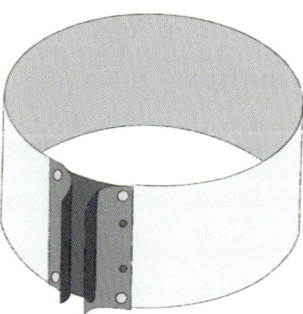

verstellbarer Tortenring
= zur variablen Einstellung auf dem Backblech

Tipp

Vor dem Einfüllen des Teigs sollten Sie die Backform gut mit Butter oder Margarine einfetten und mit Mehl oder Semmelbrösel ausstreuen. Dann lässt sich der Kuchen ganz leicht aus der Form lösen. Bei Silikonformen ist das Einfetten meist nicht nötig.

Umrechnungshilfe

Im Folgenden finden Sie eine Auflistung der wichtigsten in diesem Buch verwendeten Backformen. Sie können jede Form problemlos durch eine andere ersetzen, wenn Sie die jeweilige Milliliter-Angabe beachten. Ein Beispiel: Wenn die Teigmenge für eine Springform mit 18 cm Durchmesser (Inhalt: 1100 ml) vorgesehen ist, dann können Sie stattdessen auch eine Bundform mit 16 cm Durchmesser (Inhalt: 1000 ml) oder fünf Herz-Springformen mit je 11 cm Durchmesser (Inhalt je 210 ml = insgesamt 1050 ml) verwenden. Allerdings müssen Sie hierbei beachten, dass sich die Backzeit eventuell verringert (wenn die Formen wesentlich kleiner sind) oder erhöht (wenn die Formen wesentlich größer sind). Es ist deshalb unerlässlich, eine Stäbchenprobe, wie auf Seite 5 beschrieben, durchzuführen.

Die in diesem Buch verwendeten Backformen

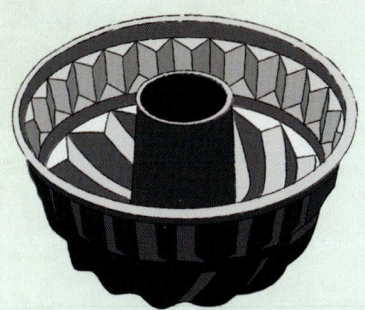

Napfkuchenform
16 cm Durchmesser
= ca. 1000 ml

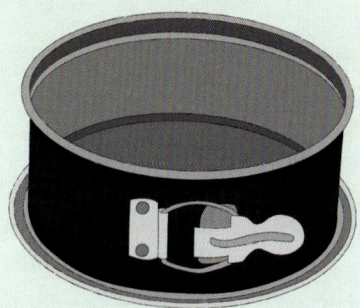

Springform
18 cm Durch-   20 cm Durchmesser   messer
= ca. 1100 ml = ca. 1350 ml

Königskuchenform
15 cm Länge   20 cm Länge
= ca. 400 ml   = ca. 600 ml

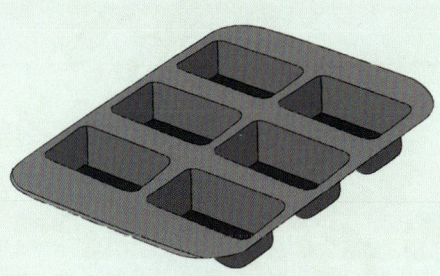

6er-Königskuchenform
ca. 250 ml x 6
= ca. 1500 ml

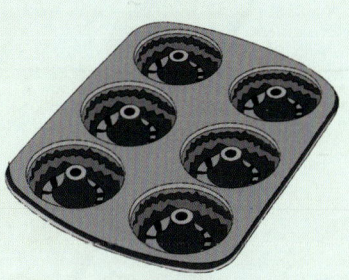

**6er-Maxi-Gugelhupf-/
Muffinform**
ca. 230 ml x 6 =
ca. 1380 ml

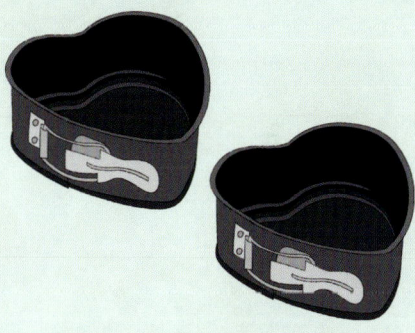

2er-Set Herz-Springform
11 cm Durchmesser
= ca. 210 ml x 2
= ca. 420 ml

Kinderbackset
ca. 150 ml (Königskuchenform)
+ ca. 190 ml (Bärchenform)
+ ca. 140 ml (Herzform)
= ca. 480 ml

**5 kleine Herzformen in
großer Springform**
ca. 140 ml x 5
= ca. 700 ml

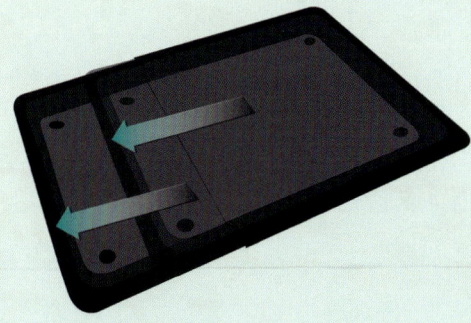

Verschiebbares Backblech
33–52 x 33 cm
= zur variablen
Einstellung

Napfkuchen mit bunten Schokolinsen

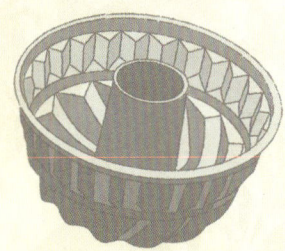

Zutaten
für 1 Napfkuchenform (16 cm)

Für den Teig:
50 g Zartbitterschokolade
2 Eier
120 g weiche Butter
100 g Zucker
2 EL Vanillezucker
125 g Mehl
25 g gemahlene Haselnüsse
1 TL Backpulver
1 Prise Salz
2 EL Kakaopulver
100 ml Milch

Für den Guss:
100 g Vollmilchschokolade
1 EL Butter

Außerdem:
weiche Butter und Mehl
  für die Form
bunte Schokolinsen zum
  Verzieren

Zubereitung

1. Den Backofen auf 180 °C (160 °C Umluft) vorheizen. Die Backform mit Butter einfetten und mit Mehl ausstreuen.

2. Die Schokolade klein hacken. Die Eier trennen. Die Eigelbe mit der Butter, dem Zucker und dem Vanillezucker schaumig schlagen. Die Eiweiße steif schlagen und in den Kühlschrank stellen.

3. Das Mehl mit den Nüssen, dem Backpulver, dem Salz und dem Kakaopulver mischen, sieben und abwechselnd mit der Milch unter die Ei-Butter-Zucker-Mischung rühren. Die gehackte Schokolade und den Eischnee unterheben.

4. Den Teig in die vorbereitete Form füllen und im Backofen ca. 40 Minuten backen (Stäbchenprobe). Anschließend aus dem Ofen nehmen, in der Form etwas abkühlen lassen und dann auf ein Kuchengitter stürzen.

5. Für den Guss die Vollmilchschokolade mit der Butter im heißen Wasserbad schmelzen. Über den Napfkuchen gießen und nach Belieben mit bunten Schokolinsen verzieren. Trocknen lassen und in Stücke geschnitten servieren.

Tipp
Je nach Anlass können für die Dekoration der Kuchen statt Schokolinsen z. B. bunte Zuckerstreusel, kleine Zuckerherzen oder Goldkügelchen verwendet werden.

Napfkuchen mit bunten Schokolinsen

Napfkuchen mit Rhabarber und Kokos

Zubereitung

1. Den Backofen auf 180 °C (160 °C Umluft) vorheizen. Die Napfkuchenform mit Butter einfetten und mit Mehl ausstreuen. Den Rhabarber waschen, putzen und in kleine Stücke schneiden. Mit der Speisestärke vermengen.

2. Die Butter mit dem Zucker cremig rühren. Den Vanillezucker, das Salz, den Zitronenabrieb und die Eier nach und nach unterrühren. Das Mehl mit den Kokosraspeln sowie dem Backpulver vermischen und abwechselnd mit der Kokosmilch unter die Eier-Butter-Masse rühren, bis der Teig schwer vom Löffel reißt. Den Rhabarber unterziehen und den Teig gleichmäßig in der Form verteilen.

3. Im Backofen ca. 50 Minuten backen (Stäbchenprobe). Aus dem Ofen nehmen, abkühlen lassen und aus der Form gestürzt völlig auskühlen lassen.

4. Die Kokosmilch mit dem Puderzucker dickflüssig anrühren, über den Napfkuchen träufeln und mit Kokosraspeln bestreut trocknen lassen.

Tipp

Der Rhabarber verleiht dem Kuchen ein feinherbes Aroma. Eine exotische Note bekommt der Kuchen, wenn Sie zusätzlich etwas kleingehackten, kandierten Ingwer unter den Teig heben.

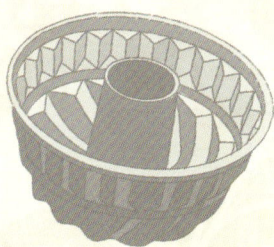

Zutaten
für 1 Napfkuchenform (16 cm)

Für den Teig:
350 g Rhabarber
1 EL Speisestärke
200 g weiche Butter
150 g Zucker
2 EL Vanillezucker
1 Prise Salz
1 Msp. Zitronenabrieb
3 Eier
350 g Mehl
50 g Kokosraspel
1 TL Backpulver
ca. 120 ml Kokosmilch

Für den Guss:
1–2 EL Kokosmilch
100 g Puderzucker

Außerdem:
weiche Butter und Mehl für die Form
1–2 EL Kokosraspel zum Bestreuen

Gugelhupf mit Rosinen

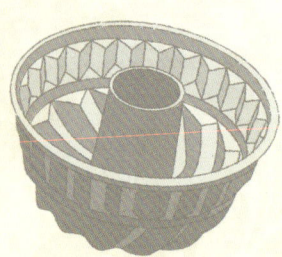

Zutaten
für 2 Napfkuchenformen (à 16 cm)

Für den Teig:
50 g Rosinen
20 g Orangeat
20 g Zitronat
250 g Mehl
½ Würfel Hefe
25 g Zucker
65 ml lauwarme Milch
75 g weiche Butter
1 Prise Salz
1 Ei

Außerdem:
weiche Butter und Mehl für die Form
Puderzucker zum Bestäuben

Achtung: Die angegebenen Zutaten ergeben zwei Kuchen. Wenn Sie nur einen backen möchten, sollten Sie die Menge jedoch nicht halbieren. Besser ist es, den fertigen Teig zu halbieren und den Rest einzufrieren.

Zubereitung

1. Den Backofen auf 180 °C (Umluft 160 °C) vorheizen. Die Napfkuchenform mit Butter einfetten und mit Mehl ausstreuen. Die Rosinen waschen und in heißem Wasser einweichen. Das Orangeat und das Zitronat in der Küchenmaschine fein hacken.

2. Das Mehl in eine Schüssel sieben und in die Mitte eine Mulde drücken. Die frische Hefe hineinbröckeln, etwas Zucker darübergeben und mit der lauwarmen Milch übergießen. Mit einem Löffel zu einem Brei verrühren. Zugedeckt 15–25 Minuten gehen lassen.

3. Wenn sich die Teigmenge verdoppelt hat, die Butter, den restlichen Zucker, das Salz und das Ei dazugeben. Mit den Knethaken des Handrührgerätes kneten, bis sich der Teig vom Schüsselrand löst. Aus der Schüssel nehmen und auf der Arbeitsfläche nochmals mit den Händen kräftig durcharbeiten. Die Schüssel mit Mehl ausstäuben, den Teig hineinlegen, abdecken und wiederum 20–30 Minuten gehen lassen.

4. Den Teig mit den abgetrockneten Rosinen, dem Orangeat und dem Zitronat nochmals durchkneten. Danach die Teigmenge halbieren und eine Hälfte in die Kuchenform geben. Die zweite Hälfte des Teigs entweder in einer anderen Form backen oder einfrieren. In der Form noch einmal zur doppelten Größe aufgehen lassen, danach im Backofen ca. 30 Minuten backen.

5. Nach Ablauf der Backzeit aus dem Ofen nehmen, 10 Minuten ruhen lassen, dann den Kuchen aus der Form lösen und zum Abkühlen auf ein Kuchengitter setzen. Vor dem Servieren mit Puderzucker bestäuben.

Tipp

Wenn Sie Orangeat und Zitronat nicht mögen, können diese auch weggelassen werden. Erhöhen Sie stattdessen die Menge der Rosinen oder fügen Sie klein gehackte Walnüsse hinzu.

Gugelhupf mit Rosinen

Rotweinkuchen mit Schokoladenspänen

Zubereitung

1. Den Backofen auf 180 °C (Umluft 160 °C) vorheizen. Die Backform mit Butter einfetten und mit Mehl ausstreuen.

2. Die Butter, den Zucker und den Vanillezucker cremig rühren. Die Eier nach und nach dazugeben und schaumig schlagen.

3. Das Mehl mit dem Backpulver und dem Kakao in eine Schüssel sieben, den Zimt hinzufügen, das Ganze vermischen und mit einer Prise Salz zu der Eier-Butter-Mischung geben. Den Rotwein dazugießen und alles zu einem glatten Teig verrühren. Die Schokotröpfchen mit einem Rührlöffel unterheben.

4. Den Teig in die Form füllen und im Backofen 40–45 Minuten backen (Stäbchenprobe). Nach Ablauf der Backzeit den Kuchen aus dem Ofen nehmen, 10 Minuten ruhen lassen, dann aus der Form lösen und zum Abkühlen auf ein Kuchengitter setzen.

5. Die Schokoladenglasur im Wasserbad schmelzen und den Kuchen rundherum damit bestreichen. Die Schokoladenspäne darüberstreuen und die Glasur fest werden lassen.

Tipp

Bei Glasuren oder Kuvertüren, die im Wasserbad geschmolzen werden, sollten Sie immer darauf achten, dass kein Wasser hineingelangt. Schon ein einziger Tropfen lässt die Masse hart werden.

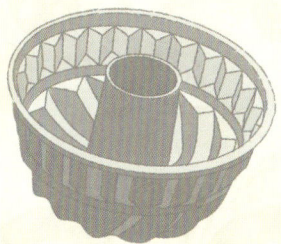

Zutaten
für 1 Napfkuchenform (16 cm)

Für den Teig:
125 g weiche Butter
125 g Zucker
1 Päckchen Vanillezucker
2 Eier
125 g Mehl
½ Päckchen Backpulver
1 TL Kakao
½ TL Zimt
1 Prise Salz
60 ml Rotwein
75 g Schokotropfen

Für den Guss:
dunkle Schokoladenglasur

Außerdem:
weiche Butter und Mehl
 für die Form
Schokoladenspäne zum
 Verzieren

Tipp

Das Ausstreuen mit Mehl verhindert, dass der Kuchen beim Stürzen in den Vertiefungen der Form hängen bleibt. Alternativ können Sie statt Mehl Semmelbrösel verwenden.

Marmorkuchen mit Vanillepudding

Zubereitung

1. Den Backofen auf 180 °C (Umluft 160 °C) vorheizen. Die Form mit Butter einfetten und mit Mehl ausstreuen.

2. Die Butter, den Zucker und den Vanillezucker cremig rühren, bis der Zucker aufgelöst ist. Die Eier nach und nach unterschlagen.

3. Das Mehl zusammen mit dem Backpulver und dem Vanillepuddingpulver in eine Schüssel sieben, mit einer Prise Salz zur Eier-Butter-Masse geben und mit der Milch zu einem glatten Teig rühren. Nicht zu lange rühren, sonst wird der Teig zäh.

4. Den Teig in zwei Hälften teilen. Über die eine Hälfte den Kakao sieben und unterrühren.

5. Zuerst den hellen und dann den dunklen Teig in die Form geben. Mit einer Gabel in der Mitte des dunklen Teiges ansetzen und rechtsherum in den hellen Teig drehen. Dadurch entsteht im Inneren die Marmorierung. Je mehr man dreht, umso marmorierter wird der Kuchen.

6. Im Backofen ca. 35 Minuten backen (Stäbchenprobe). Aus dem Ofen nehmen, den Kuchen 10 Minuten in der Form ruhen lassen und danach zum Abkühlen auf ein Kuchengitter setzen.

7. Vor dem Servieren den Kuchen mit Puderzucker bestäuben.

Zutaten
für 1 Napfkuchenform (16 cm)

Für den Teig:
100 g Butter
100 g Zucker
½ Päckchen Vanillezucker
2 Eier
150 g Mehl
½ Päckchen Backpulver
½ Päckchen Vanillepuddingpulver
1 Prise Salz
125 ml Milch
1–2 TL Kakao

Außerdem:
weiche Butter und Mehl für die Form
Puderzucker zum Bestäuben

Mini-Gugelhupf mit Cranberrys

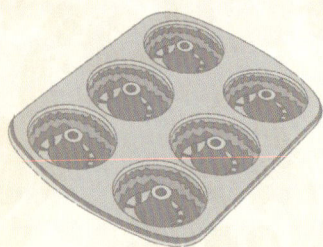

Zutaten
für eine 6er-Maxi-Gugelhupf-/Muffinform

75 g Zartbitterkuvertüre
50 g Butter
1 Ei
50 g Zucker
100 g Mehl
½ TL Backpulver
1 EL Kakao
100 ml Milch

Für den Guss:
250 g weiße Kuvertüre
30 g Walnüsse
30 g getrocknete Cranberrys

Außerdem:
weiche Butter und Mehl für die Formen

Tipp
Eine ganz besondere Note erhält der Kuchen, wenn Sie den Guss statt mit weißer mit Zartbitterkuvertüre zubereiten und eine kleine Prise Chili hinzufügen.

Zubereitung

1. Den Backofen auf 180 °C (160 °C Umluft) vorheizen. Die Formen mit Butter einfetten und mit Mehl ausstreuen.

2. Die Schokolade hacken und mit der Butter im heißen Wasserbad schmelzen. Das Ei mit dem Zucker schaumig schlagen und die Schokolade einfließen lassen. Das Mehl mit dem Backpulver und dem Kakao vermischen und abwechselnd mit der Milch unter die Eiermasse rühren.

3. Den Teig in die Formen geben, glatt streichen und im vorgeheizten Backofen 25-30 Minuten backen. Die Kuchen kurz in der Form ruhen lassen, dann herauslösen und abkühlen lassen.

4. Die Kuvertüre im heißen Wasserbad schmelzen lassen. Die Nüsse und die Cranberrys grob hacken, unterziehen und die abgekühlten Mini-Gugelhupfe damit überziehen.

Rumkuchen

Zutaten
für eine 6er-Maxi-Gugelhupf-/ Muffinform

Für den Teig:
50 g Marzipanrohmasse
125 g weiche Butter
125 g Zucker
1 Päckchen Vanillezucker
2 Eier
60 g Mehl
½ TL Backpulver
65 g Speisestärke
10 g Kakao
2 EL Rum

Außerdem:
weiche Butter und Mehl
  für die Formen
Puderzucker zum Bestäuben

Zubereitung

1. Den Backofen auf 180 °C (Umluft 160 °C) vorheizen. Die Formen mit Butter einfetten und mit Mehl ausstreuen.

2. Das Marzipan mit den Schneebesen des Handrührgerätes zerkleinern, die Butter, den Zucker und den Vanillezucker dazugeben und cremig rühren. Die Eier nach und nach unterrühren.

3. Das Mehl und das Backpulver in eine Schüssel sieben. Die Speisestärke untermischen. Zum Schluss den Kakao dazusieben und das Ganze mit einem Holzrührlöffel vermischen. Das Mehlgemisch in die Eier-Butter-Masse einrühren, den Rum dazugeben und alles zügig zu einem glatten Teig verrühren.

4. Den Teig in die Formen füllen und im Backofen ca. 30 Minuten backen (Stäbchenprobe).

5. Aus dem Ofen nehmen, die Kuchen 10 Minuten ruhen lassen, dann aus der Form lösen und zum Abkühlen auf ein Kuchengitter setzen. Mit Puderzucker bestäubt servieren.

Mini-Gugelhupf mit Thymian

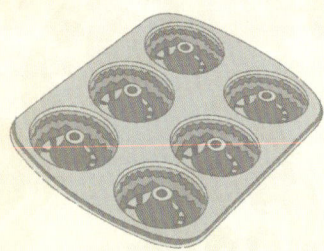

Zutaten
für eine 6er-Maxi-Gugelhupf-/Muffinform

Für den Teig:
130 g Mehl
½ TL Backpulver
1 Prise Salz
50 g weiche Butter
50 g Zucker
2 EL Vanillezucker
1 Ei
Saft und abgeriebene Schale einer unbehandelten Zitrone

Für den Guss:
100 g Puderzucker
1–2 EL Zitronensaft

Zum Garnieren:
100 ml Sahne
ca. 2 EL Zitronenzucker
einige Stängel Thymian

Außerdem:
weiche Butter und Mehl für die Formen

Zubereitung

1. Den Backofen auf 200 °C (180 °C Umluft) vorheizen. Die Formen mit Butter einfetten und mit Mehl ausstreuen.

2. Das Mehl mit dem Backpulver und dem Salz vermischen. In einer weiteren Schüssel die Butter mit dem Zucker, dem Vanillezucker, dem Ei, dem Zitronensaft und der abgeriebenen Zitronenschale schaumig schlagen. Die Mehlmischung unterrühren. Den Teig in die Förmchen füllen und im Backofen ca. 25 Minuten backen (Stäbchenprobe). In den Förmchen auskühlen lassen und dann herauslösen.

3. Zum Garnieren den Puderzucker mit dem Zitronensaft zu einem dickflüssigen Guss verrühren. Je 1–2 EL auf den Gugelhupfen verteilen. Die Sahne steif schlagen, in einen Spritzbeutel füllen und je einen kleinen Tupfer auf die Küchlein spritzen. Mit etwas Zitronenzucker bestreuen und mit dem abgezupften Thymian garnieren. Nach Belieben Kerzen hineinstecken und servieren.

Mini-Gugelhupf mit Honig

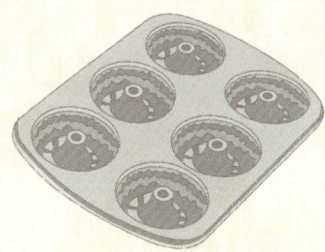

Zutaten

für eine 6er-Maxi-Gugelhupf-/Muffinform

100 g weiche Butter
2 Eier
100 g Honig
140 g Mehl
1 TL Backpulver
ausgekratztes Mark von
 ½ Vanilleschote
1 Prise Salz
½ TL Orangenabrieb

Außerdem:

weiche Butter und Mehl
 für die Formen
Puderzucker zum Bestäuben

Zubereitung

1. Den Backofen auf 200 °C (180 °C Umluft) vorheizen. Die Formen mit Butter einfetten und mit Mehl ausstreuen.

2. Die Butter mit den Eiern und dem Honig cremig rühren. Das Mehl mit dem Backpulver, dem Vanillemark, dem Salz und dem Orangenabrieb mischen. Unter die Butter-Ei-Masse heben und zu einem glatten Teig verrühren.

3. In die Förmchen füllen und 20–25 Minuten goldgelb backen (Stäbchenprobe). Etwas abkühlen lassen, aus den Mulden heben, auf einem Kuchengitter abkühlen lassen und mit Puderzucker bestäubt servieren.

Tipp

Anstatt des Puderzuckers können Sie die Kuchen auch mit einem Zitronenguss überziehen. In diesem Fall empfiehlt es sich, den Orangenabrieb im Teig durch Zitronenabrieb zu ersetzen.

Bunt verzierte *Kinderkuchen*

Tipp

Sehr hübsch sehen die kleinen Kuchen auch aus, wenn sie mit Zuckerschrift verziert werden. Damit lassen sich z.B. die Konturen des Teddybären besonders gut nachzeichnen.

Zubereitung

1. Den Backofen auf 180 °C (Umluft 160 °C) vorheizen. Die Förmchen mit Butter einfetten und mit Mehl ausstreuen.

2. Die Butter und den Zucker cremig rühren, das Ei dazugeben und alles schaumig schlagen. Das Mehl mit dem Backpulver und der Speisestärke in eine Schüssel sieben. Die Mehlmischung zügig in die Eiermasse einrühren und alles zu einem glatten Teig verarbeiten. Die Schokotropfen mit einem Rührlöffel unterheben.

3. Den Teig in die Förmchen füllen und mit einem Löffel glatt streichen. Im Backofen ca. 30 Minuten backen (Stäbchenprobe). Nach Ablauf der Backzeit aus dem Ofen nehmen. Die Kuchen 10 Minuten ruhen lassen, danach aus den Förmchen lösen und zum Abkühlen auf ein Kuchengitter setzen.

4. Wenn die Kuchen erkaltet sind, das Aprikosengelee bei schwacher Hitze schmelzen und die Kuchen rundherum damit einpinseln. Zum Schluss mit den Zuckerblumen dekorieren.

Zutaten
für 1 Kinderbackset

Für den Teig:
50 g weiche Butter
50 g Zucker
1 Ei
50 g Mehl
½ TL Backpulver
1 EL Speisestärke
30 g Schokoladentropfen

Außerdem:
weiche Butter und Mehl für die Formen
Aprikosengelee und Zuckerblumen zum Verzieren

Bunt verzierte Kinderkuchen

Verschiedene Kastenkuchen

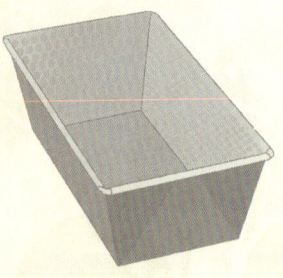

Zutaten
für 4 Königskuchenformen (15 cm)

1 unbehandelte Zitrone
75 g Mehl
75 g Speisestärke
½ TL Backpulver
125 g Butter
3 Eier
100 g Zucker
2 EL Vanillezucker

Für den Birnen-Schokokuchen:
30 g getrocknete Soft-Birnen
30 g Schokotropfen

Für den Mirabellen-Kuchen:
30 g eingelegte, abgetropfte Mirabellen
2 EL getrocknete Cranberrys

Für den Schoko-Pistazienkuchen:
50 g Kakaopulver
1 EL ungesalzene Pistazienkerne
40 g kandierte Früchte

Für den Orangen-Feigenkuchen:
15 g kandierte Orangenscheiben
35 g getrocknete Soft-Feigen

Außerdem:
weiche Butter und Mehl für die Formen

Zubereitung

1. Den Ofen auf 180 °C (160 °C Umluft) vorheizen. Die Formen mit Butter einfetten und mit Mehl ausstreuen. Die Zitrone heiß waschen, trocken tupfen, die Schale abreiben und den Saft auspressen.

2. Das Mehl mit der Stärke und dem Backpulver in einer Schüssel vermengen. Die Butter in einem kleinen Topf schmelzen lassen.

3. Die Eier in eine Rührschüssel aufschlagen, den Zucker und den Vanillezucker zugeben und schaumig schlagen. Den Zitronensaft und die abgeriebene Zitronenschale untermengen.

4. Abwechselnd die flüssige Butter und die Mehlmischung unter die Eiercreme rühren, bis ein geschmeidiger, glatter Teig entstanden ist.

5. Dann den Teig vierteln und die jeweiligen klein gehackten Zutaten unterheben. Den Teig in die Backformen füllen und im Ofen ca. 30 Minuten goldbraun backen (Stäbchenprobe).

Birnen-Schokokuchen

6. Aus dem Ofen nehmen, kurz ruhen lassen und zum Auskühlen auf ein Kuchengitter stürzen. Nach Belieben garnieren.

Tipp

Die Zutaten für die verschiedenen Kuchen können Sie nach Belieben variieren: Ersetzen Sie z.B. die Schokotropfen durch Raspelschokolade, die Mirabellen durch Kirschen, die kandierten Früchte durch in Rum getränkte Rosinen oder die Soft-Feigen durch Soft-Pflaumen.

Mirabellen-Kuchen

Schoko-Pistazienkuchen

Orangen-Feigenkuchen

Verschiedene Kastenkuchen

Tipp
Diese Kuchen schmecken durch den Zitronensaft sehr erfrischend und sind für warme Sommertage bestens geeignet. Wer es nicht ganz so sauer mag, kann das Rezept mit Orangensaft abwandeln.

15 cm

Zitronenkuchen

Zubereitung

1. Den Backofen auf 180 °C (Umluft 160 °C) vorheizen. Die Formen mit Butter einfetten und mit Mehl ausstreuen.

2. Die Butter, den Zucker, den Vanillezucker und das Salz cremig rühren. Die Eier nach und nach hinzufügen und schaumig schlagen.

3. Das Mehl und das Backpulver in eine Schüssel sieben, mit der Speisestärke vermischen und zum Teig geben. Den Rum ebenfalls dazugeben und alles zu einem glatten Teig verrühren.

4. Den Teig in die Formen füllen und im Backofen ca. 30 Minuten backen (Stäbchenprobe).

5. Nach Ablauf der Backzeit aus dem Ofen nehmen, 10 Minuten ruhen lassen, danach die Kuchen aus den Formen lösen und zum Abkühlen auf ein Kuchengitter setzen. Jeden Kuchen mit einem Schaschlikspieß mehrfach einstechen.

6. Aus dem Zitronensaft und dem Puderzucker einen dünnflüssigen Guss rühren und über die Kuchen verteilen. Durch die Löcher wird der Guss vollständig aufgesogen. Danach die Kuchen erkalten lassen.

7. Vor dem Servieren noch einmal mit einem dickflüssigen Zitronenguss überziehen. Dazu den Zitronensaft tropfenweise zu dem Puderzucker geben, gerade so viel, dass dieser cremig-weiß wird.

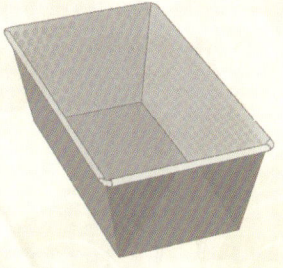

Zutaten
für 4 Königskuchenformen (15 cm)

Für den Teig:
125 g weiche Butter
125 g Zucker
1 Päckchen Vanillezucker
1 Prise Salz
2 Eier
125 g Mehl
1 Päckchen Backpulver
50 g Speisestärke
1 EL Rum
70 ml Zitronensaft
100 g Puderzucker

Für den Guss:
einige Tropfen Zitronensaft
200 g Puderzucker

Außerdem:
weiche Butter und Mehl für die Formen

Kokos-Schoko-Kästchen

Zubereitung

1. Den Backofen auf 180 °C (Umluft 160 °C) vorheizen. Die Formen mit Butter einfetten und mit Mehl ausstreuen.

2. Die Butter, den Zucker und den Vanillezucker cremig rühren. Die Eier nach und nach hinzugeben und alles schaumig schlagen.

3. Das Mehl zusammen mit dem Backpulver in eine Schüssel sieben, mit dem Salz zur Eiermasse geben und mit der Milch zu einem glatten Teig rühren. Nicht zu lange rühren, sonst wird der Teig zäh.

4. Den Teig in zwei Hälften teilen. Über die eine Hälfte den Kakao sieben und zusammen mit den Kokosflocken unterrühren. Für die andere Hälfte die Schokolade mit einem scharfen Messer grob zerhacken und unter den hellen Teig mischen.

5. Auf einer Seite der Form den dunklen Teig einfüllen, auf der anderen Seite den hellen Teig. Um die Teigsorten beim Einfüllen getrennt voneinander zu halten, eignet sich ein Teigschaber sehr gut. Man kann aber auch ein Stück Backpapier dazwischenhalten und vor dem Backen wieder herausziehen.

6. Im Backofen ca. 25 Minuten backen (Stäbchenprobe). Nach Ablauf der Backzeit herausnehmen, die Kuchen 10 Minuten in der Form ruhen lassen und danach zum Abkühlen auf ein Kuchengitter legen.

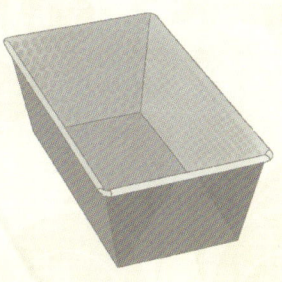

Zutaten
für 4 Königskuchenformen (15 cm)

Für den Teig:
125 g Butter
125 g Zucker
1 Päckchen Vanillezucker
3 Eier
300 g Mehl
1 Päckchen Backpulver
1 Prise Salz
125 ml Milch
2 TL Kakao
80 g Kokosflocken
80 g Vollmilchschokolade

Außerdem:
weiche Butter und Mehl für die Formen

Tipp

Schokolade bleibt meist zur Oster- und Weihnachtszeit in Form von Hasen und Nikoläusen übrig. Grob zerbröckelt und in einem Vorratsbehälter gesammelt, können diese hier aufgebraucht werden.

Apfel-Zimt-Kuchen

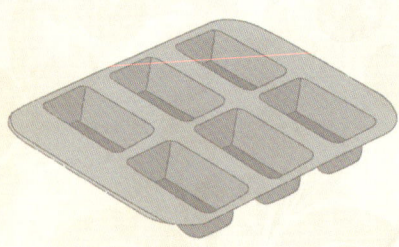

Zutaten
für eine 6er-Königskuchenform

Für den Teig:
2 säuerliche Äpfel, z. B. Boskop
2 EL Cidre oder Zitronensaft
150 g Butter
100 g Zucker
50 g Honig
1 TL gemahlener Zimt
abgeriebene Schale einer
 unbehandelten Zitrone
3 Eier
1 TL Backpulver
220 g Mehl
ca. 80 ml Milch

Für den Guss:
150 g Puderzucker
1–2 EL Zitronensaft
gemahlener Zimt

Außerdem:
weiche Butter und Mehl
 für die Formen

Zubereitung

1. Den Backofen auf 180 °C (160 °C Umluft) vorheizen. Die Formen mit Butter einfetten und mit Mehl ausstreuen.

2. Die Äpfel schälen, vierteln, das Kerngehäuse herausschneiden und die Viertel in kleine Würfel schneiden. Mit dem Cidre bzw. dem Zitronensaft mischen.

3. Die Butter mit dem Zucker, dem Honig, dem Zimt und der abgeriebenen Zitronenschale cremig rühren. Nach und nach die Eier unterrühren. Anschließend das mit dem Backpulver vermischte Mehl und die Milch abwechselnd zügig unterrühren, sodass ein geschmeidiger, streichfähiger Teig entsteht.

4. Die Äpfel untermengen und den Teig in die Backformen füllen. Glatt streichen und im Ofen ca. 25 Minuten backen (Stäbchenprobe). Aus dem Ofen nehmen, abkühlen lassen, vorsichtig aus den Mulden lösen und auf einem Kuchengitter auskühlen lassen.

5. Zum Verzieren den Puderzucker mit dem Zitronensaft zu einem dickflüssigen Guss anrühren und über die Kuchen träufeln. Trocknen lassen und mit etwas Zimt bestäubt servieren.

Tipp
Zu den Apfel-Zimt-Kuchen passt auch sehr gut eine Schokoladenglasur. Lassen Sie dafür den Zitronenguss weg und überziehen Sie die Kuchen stattdessen mit geschmolzener Schokoladen-Kuvertüre.

Apfel-Zimt-Kuchen 31

Schoko-Feigen-Kuchen

Zubereitung

1. Den Backofen auf 180 °C (Umluft 160 °C) vorheizen. Die Formen mit Butter einfetten und mit Mehl ausstreuen.

2. Die Feigen mit einem scharfen Messer in grobe Würfel schneiden und beiseitestellen. Die Butter, den Zucker und den Vanillezucker cremig rühren. Die Eier nach und nach hinzugeben und alles schaumig schlagen.

3. Das Mehl zusammen mit dem Backpulver und dem Kakao in eine Schüssel sieben, mit dem Salz zur Eiermasse geben und mit der Milch zu einem glatten Teig rühren. Nicht zu lange rühren, sonst wird der Teig zäh. Die Feigenwürfel mit einem Rührlöffel unter den Teig heben.

4. Den Teig in die Formen füllen und im Backofen ca. 25 Minuten backen (Stäbchenprobe). Nach Ablauf der Backzeit herausnehmen, die Kuchen 10 Minuten in der Form ruhen lassen und danach zum Abkühlen auf ein Kuchengitter legen.

5. Das Apfelgelee in einen kleinen Topf geben und bei schwacher Hitze erwärmen, bis es flüssig ist. Vorsicht, das Gelee brennt leicht an! Mit einem Backpinsel die Kuchen rundherum damit bestreichen, das gibt ihnen einen schönen Glanz.

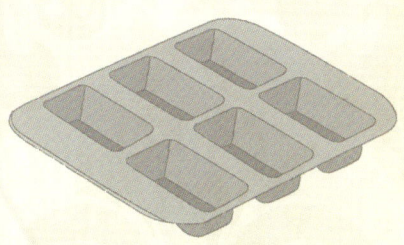

Zutaten
für eine 6er-Königskuchenform

Für den Teig:
120 g getrocknete Feigen
125 g Butter
125 g Zucker
½ Päckchen Vanillezucker
3 Eier
250 g Mehl
2 TL Backpulver
2–3 TL Kakao
1 Prise Salz
60 ml Milch

Außerdem:
weiche Butter und Mehl
  für die Formen
6 EL Apfelgelee zum
  Bestreichen

Tipp

Der Kuchen wird durch die Feigen sehr süß. Wer das nicht mag, kann sie durch herbere Trockenfrüchte, wie z. B. Cranberrys, nach Belieben ersetzen. Ein Tupfer Sahne dazu schmeckt hervorragend.

> **Tipp**
> Rosinen, Sultaninen oder Korinthen sollten grundsätzlich unter fließendem Wasser gewaschen und dann eingeweicht werden. Eine Variante ist das Einweichen in Rum. Das verleiht Kuchen und Gebäck einen besonderen Geschmack.

Rosinenkuchen mit Raspelschokolade

Zubereitung

1. Den Backofen auf 180 °C (Umluft 160 °C) vorheizen. Die Formen mit Butter einfetten und mit Mehl ausstreuen. Die Rosinen unter kaltem Wasser abspülen, in einer kleinen Schale in heißem Wasser einweichen und beiseitestellen.

2. Die Butter, den Zucker und den Vanillezucker cremig rühren. Die Eier nach und nach hinzufügen und schaumig schlagen.

3. Das Mehl zusammen mit dem Backpulver in eine Schüssel sieben, mit dem Salz zur Eiermasse geben und mit der Milch zu einem glatten Teig verrühren. Nicht zu lange rühren, sonst wird der Teig zäh.

4. Die Rosinen abgießen, mit Küchenpapier trockentupfen und mit einem Rührlöffel unter den Teig heben.

5. Den Teig in die Formen füllen und im Backofen ca. 25 Minuten backen (Stäbchenprobe). Nach Ablauf der Backzeit herausnehmen, die Kuchen 10 Minuten in der Form ruhen lassen und danach zum Abkühlen auf ein Kuchengitter legen.

6. Die Schokoladenglasur im heißen Wasserbad erwärmen. Die Kuchen sofort an den Seiten damit bestreichen und mit Raspelschokolade bestreuen.

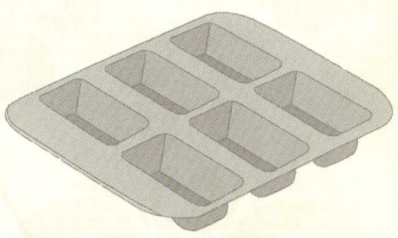

Zutaten
für eine 6er-Königskuchenform

Für den Teig:
120 g Rosinen
125 g Butter
125 g Zucker
½ Päckchen Vanillezucker
3 Eier
250 g Mehl
2 TL Backpulver
1 Prise Salz
60 ml Milch

Für den Guss:
weiße Schokoladenglasur
Raspelschokolade

Außerdem:
weiche Butter und Mehl
 für die Formen

Johannisbeer-& Schokokuchen

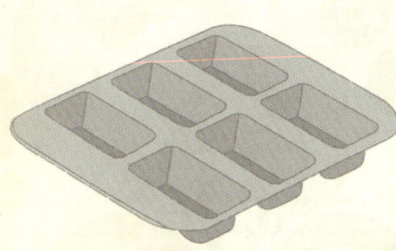

Zutaten
für eine 6er-Königskuchenform

Für den Johannisbeerkuchen:
300 g rote Johannisbeeren
1 EL Speisestärke
150 g Butter
100 g Zucker
1 EL Vanillezucker
3 Eier
250 g Mehl
1 TL Backpulver
abgeriebene Schale von
 ½ unbehandelten Zitrone
4–5 EL Milch

Für das Baiser:
2 Eiweiß
1 Prise Salz
60 g Zucker

Zum Garnieren:
1 Handvoll Johannisbeeren
1–2 Stängel Minze
Zucker zum Wälzen

Außerdem:
weiche Butter und Mehl
 für die Formen

Zubereitung

1. Den Backofen auf 180 °C (160 °C Umluft) vorheizen. Die Formen mit Butter einfetten und mit Mehl ausstreuen. Die Johannisbeeren abbrausen, von den Rispen streifen und trocken tupfen. Mit der Stärke vermengen.

2. Die Butter in einem Topf zerlassen und anschließend etwas abkühlen lassen. Den Zucker und den Vanillezucker mit den Eiern schaumig schlagen. Nach und nach die Butter dazugießen und verrühren. Das Mehl mit dem Backpulver und der abgeriebenen Zitronenschale mischen und zusammen mit der Milch unter die Butter-Zucker-Ei-Masse geben. Die Johannisbeeren unter den Teig ziehen und in die Backform füllen. Im Ofen auf mittlerer Schiene ca. 10 Minuten backen.

3. Die Eiweiße mit dem Salz steif schlagen, den Zucker zugeben und weiterschlagen, bis die Masse glänzt. Dann in einen Spritzbeutel mit Lochtülle füllen und die Küchlein damit schleifenartig verzieren. Anschließend nochmals im Ofen für ca. 15 Minuten fertig backen (Stäbchenprobe). Herausnehmen, kurz abkühlen lassen und dann vorsichtig aus den Förmchen lösen und auskühlen lassen.

4. Zum Garnieren die Johannisbeeren und die Minze abbrausen. Die Johannisbeeren von den Rispen streifen und die Minzblättchen abzupfen. Im Zucker wälzen und die Küchlein damit belegen.

Tipp
Für den Johannisbeerkuchen eignet sich ebenso jede andere Beerensorte, wie z. B. Blaubeeren, Brombeeren oder Himbeeren.

Zubereitung

1. Den Ofen auf 180 °C Umluft vorheizen. Die Formen mit Butter einfetten und mit Mehl ausstreuen. Die Kuvertüre hacken und im heißen Wasserbad schmelzen lassen.

2. Die Eier trennen. Die Eigelbe mit der Butter, der Hälfte vom Puderzucker, dem Salz und dem Mark der Vanilleschote in eine Schüssel geben und cremig rühren. Die Eiweiße mit dem restlichen Puderzucker steif schlagen. Mit der abgekühlten Schokolade unter die Buttermasse heben. Die Mandeln mit dem Mehl und dem Backpulver mischen und unter die luftige Masse ziehen.

3. Den Teig in die Formen füllen und im Ofen ca. 25 Minuten backen (Stäbchenprobe). Aus dem Ofen nehmen, abkühlen lassen, vorsichtig aus den Formen lösen und vollständig auskühlen lassen.

4. Zum Verzieren die weiße Kuvertüre und etwas von der dunklen Kuvertüre zum Garnieren raspeln. Die übrige Zartbitterkuvertüre hacken und mit der Sahne im heißen Wasserbad schmelzen lassen. Vom Herd nehmen, etwas abkühlen lassen und die Butter in Stücken unterrühren. Auf die Kuchen streichen und fest werden lassen. Mit der Raspelschokolade garniert servieren.

Zutaten
für eine 6er-Königskuchenform

Für den Schokokuchen:
120 g Zartbitterkuvertüre
4 Eier, 120 g weiche Butter
100 g Puderzucker
1 Prise Salz
ausgekratztes Mark einer Vanilleschote
75 g gemahlene Mandeln
75 g Mehl, 1 TL Backpulver

Zum Verzieren:
40 g weiße Kuvertüre
250 g Zarbitterkuvertüre
2 EL Sahne, 1 EL kalte Butter

Außerdem:
weiche Butter und Mehl für die Formen

Eierlikörkuchen

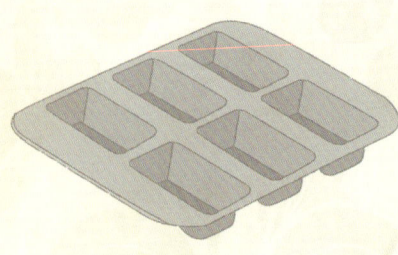

Zutaten
für eine 6er-Königskuchenform

Für den Teig:
2 Eier
110 g Puderzucker
½ Päckchen Vanillezucker
125 ml Pflanzenöl
125 ml Eierlikör
65 g Mehl
2 TL Backpulver
60 g Speisestärke
1 Prise Salz

Außerdem:
weiche Butter und Mehl
 für die Formen
Puderzucker zum Bestäuben

Zubereitung

1. Den Backofen auf 180 °C (Umluft 160 °C) vorheizen. Die Formen mit Butter einfetten und mit Mehl ausstreuen.

2. Die Eier, den Puderzucker und den Vanillezucker zu einer weißlichen Creme aufschlagen.

3. Das Öl und den Eierlikör nacheinander in einem dünnen Strahl unter Rühren in den Teig fließen lassen.

4. Das Mehl und das Backpulver in eine Schüssel sieben, die Speisestärke und das Salz untermischen, zur Eiercreme geben und zügig unterrühren.

5. Den Teig in die Formen füllen und im Backofen ca. 25 Minuten backen (Stäbchenprobe).

6. Nach Ablauf der Backzeit aus dem Ofen nehmen. Die Kuchen 10 Minuten in der Form ruhen lassen, dann herausnehmen und zum Abkühlen auf ein Kuchengitter setzen. Vor dem Servieren mit Puderzucker bestäuben.

Tipp

Bei diesen Kuchen wird Öl anstelle von Butter oder Margarine als Geschmacksträger benutzt. Das macht sie besonders saftig und länger haltbar.

Eierlikörkuchen

Valentinstorte mit Rosenblättern

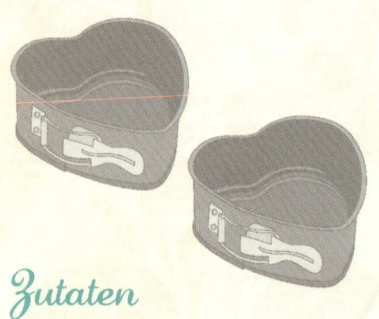

Zutaten
für ein 2er-Set Herzspringform (11 cm)

Für den Teig:
6 Blatt weiße Gelatine
400 g Frischkäse
ausgekratztes Mark einer Vanilleschote
1 Prise Salz
75 g Puderzucker
40 ml Rosenlikör
2 Eiweiß
200 ml Sahne

Für den Guss:
1 Päckchen klarer Tortenguss

Zum Verzieren:
ca. 60 g gemahlene Pistazien
essbare rote Rosenblütenblätter
Zucker zum Bestreuen

Tipp
Backen Sie diese leckere Torte zum Valentinstag oder als Dessert bei einem romantischen Candle-Light-Dinner!

Zubereitung

1. Die Herzformen mit Frischhaltefolie ausschlagen. Die Gelatine in kaltem Wasser einweichen. Den gut abgetropften Frischkäse mit dem Vanillemark, dem Salz und dem Puderzucker cremig rühren.

2. Die ausgedrückte Gelatine mit dem Likör in einen kleinen Topf geben und solange erwärmen, bis die Gelatine geschmolzen ist. 3–4 EL der Frischkäsecreme einrühren und unter die übrige Creme mischen. Die Eiweiße und die Sahne getrennt steif schlagen und unter die Creme heben. In die vorbereiteten Formen füllen, glatt streichen und mindestens 3 Stunden kalt stellen.

3. Zum Verzieren den Tortenguss nach Packungsangabe kochen. Die Torten aus den Formen lösen und die Folie abziehen. Mit dem Guss überziehen und fest werden lassen. Die Pistazien auf einen Teller oder eine Platte streuen und die Torten daraufsetzen. Am Bodenrand andrücken und auf eine Kuchenplatte setzen. Mit Rosenblütenblättern garnieren und mit Zucker bestreut servieren.

Herzkuchen mit Cremefüllung

Zutaten

für ein 2er-Set Herzspringform (11 cm)

Für den Teig:
120 g weiche Butter
120 g Zucker
2 Eier
einige Tropfen rote Lebensmittelfarbe
ca. 80 ml Buttermilch
150 g Mehl
1 EL Kakaopulver
½ TL Backpulver

Für die Creme:
250 ml Milch
1 Eigelb
2 EL Vanillezucker
15 g Speisestärke
1 Prise Salz

Zum Verzieren:
2 Oblaten-Rosen
rote Herz-Schokolinsen
rosa Zucker

Außerdem:
weiche Butter und Mehl für die Formen

Zubereitung

1. Den Ofen auf 200 °C (180 °C Umluft) vorheizen. Die Formen mit Butter einfetten und mit Mehl ausstreuen.

2. Die Butter mit dem Zucker cremig rühren. Die Eier mit der Lebensmittelfarbe und der Buttermilch verquirlen und zusammen mit dem Mehl, dem Kakaopulver und dem Backpulver unter die Masse mengen. Gut verrühren und in die Backformen füllen. Im Ofen ca. 25 Minuten goldbraun backen (Stäbchenprobe). Aus dem Ofen nehmen, abkühlen lassen, aus den Förmchen stürzen und vollständig auskühlen lassen.

3. Für die Creme die Milch in einem Topf aufkochen lassen. Anschließend vom Herd nehmen. Das Eigelb mit dem Vanillezucker in einer Schüssel cremig rühren, dabei die Stärke untermischen. Die warme Milch langsam in die Eigelbcreme rühren, alles zurück in den Topf gießen und bei geringer Hitzezufuhr so lange rühren, bis die Creme andickt, aber nicht kocht. Vom Herd nehmen und unter gelegentlichem Rühren auskühlen lassen.

4. Die Herztörtchen einmal waagrecht halbieren. Die Creme auf die Tortenböden streichen und wieder zusammensetzen. Mit je einer Rose, Schokolinsen und rosa Zucker garniert servieren.

Schokoladenherzen

Zutaten

für 5 kleine Herzformen (10–12 cm) in der Springform

Für den Teig:
150 g weiche Butter
170 g Zucker
3 Eier
ausgekratztes Mark einer Vanilleschote
60 g gemahlene Mandeln
2–3 EL Kakaopulver
1–2 TL Backpulver
220 g Mehl

Für den Guss:
400 g Zartbitterkuvertüre
80 g weiße Kuvertüre

Außerdem:
weiche Butter und Mehl für die Backformen

Zubereitung

1. Den Backofen auf 180 °C (160 °C Umluft) vorheizen. Die Herzformen mit Butter einfetten und mit Mehl ausstreuen. Eine Springform mit Backpapier auslegen und die Herzformen hineinstellen.

2. Die Butter mit dem Zucker in einer Schüssel cremig rühren. Die Eier nacheinander hineinschlagen und das Vanillemark unterrühren. Die Mandeln sowie das mit dem Kakao und dem Backpulver gemischte und gesiebte Mehl unter die Schaummasse heben.

3. Den Teig in die Formen füllen, glatt streichen und ca. 25 Minuten backen (Stäbchenprobe). Aus dem Ofen nehmen und 10 Minuten in der Form stehen lassen, anschließend zum Auskühlen auf ein Kuchengitter stürzen.

4. Für den Guss die Hälfte der Kuvertüre hacken und im heißen Wasserbad schmelzen lassen. Vom Herd nehmen und die übrige Kuvertüre unterrühren. Die Kuchen damit überziehen und fest werden lassen. Die weiße Kuvertüre hacken, schmelzen und wieder abkühlen lassen. In Spritztütchen füllen und die Kuchen damit garnieren. Erneut trocknen lassen.

Tipp

Die Herzen können individuell verziert werden, indem Sie fantasievolle Muster daraufspritzen oder die Namen der Gäste daraufschreiben. Sie müssen dafür lediglich die Menge der weißen Kuvertüre erhöhen.

44 10–12 cm

Aprikosen-Quark-Herzen

Zubereitung

1. Den Backofen auf 180 °C (Umluft 160 °C) vorheizen. Die Herzformen mit Butter einfetten und mit Mehl ausstreuen. Eine Springform mit Backpapier auslegen und die Herzformen hineinstellen. Die Aprikosen in kleine Würfel schneiden.

2. Die Butter, den Vanillezucker und den Zucker cremig rühren, nach und nach die Eier dazugeben und schaumig schlagen.

3. Das Mehl mit Backpulver und Speisestärke in eine Schüssel sieben. Die Mehlmischung, das Salz, die Haselnüsse, den Kirschsaft und den Quark zur Eiermasse geben und alles zu einem glatten Teig rühren. Zum Schluss die Aprikosenwürfel mit einem Rührlöffel unterheben.

4. Den Teig in die fünf Herzen verteilen und ca. 35 Minuten backen (Stäbchenprobe). Nach Ablauf der Backzeit aus dem Ofen nehmen, 10 Minuten ruhen lassen, dann die Herzen aus den Ringen lösen und zum Abkühlen auf ein Kuchengitter setzen.

5. Vor dem Servieren die Herzen noch mit Schokoladensoße übergießen.

Tipp

Wenn man die Aprikosenwürfel vor dem Unterheben in Mehl wendet, verbinden sie sich besser mit der Teigmasse und sinken beim Backen nicht auf den Boden ab.

Zutaten

für 5 kleine Herzformen (10–12 cm) in der Springform

Für den Teig:
50 g getrocknete Aprikosen
50 g weiche Butter
½ Päckchen Vanillezucker
100 g Zucker
2 Eier
75 g Mehl
½ Päckchen Backpulver
75 g Speisestärke
1 Prise Salz
30 g gemahlene Haselnüsse
40 ml Kirschsaft
125 g Quark

Außerdem:
weiche Butter und Mehl für die Backformen
Schokoladensoße zum Verzieren

46 10–12 cm

Bananen-Schoko-Herzen

Zubereitung

1. Den Backofen auf 180 °C (Umluft 160 °C) vorheizen. Die Herzformen mit Butter einfetten und mit Mehl ausstreuen. Eine Springform mit Backpapier auslegen und die Herzformen hineinstellen.

2. Die Butter, den Zucker und den Vanillezucker remig rühren. Die Eier nach und nach hinzufügen und schaumig schlagen.

3. Das Mehl und das Backpulver in eine Schüssel sieben, zum Teig geben und mit dem Salz zu einem glatten Teig rühren. Sollte dieser zu fest sein, mit etwas Milch geschmeidig rühren.

4. Die Bananen mit einer Gabel zerdrücken. Die Schokolade mit einem scharfen Messer grob hacken und alles in den Teig rühren.

5. Den Teig auf die Formen verteilen und 30–40 Minuten backen (Stäbchenprobe).

6. Nach Ablauf der Backzeit aus dem Ofen nehmen, die Herzen 10 Minuten in der Form ruhen lassen, danach auf ein Kuchengitter stürzen und abkühlen lassen. Die Schokoladenglasur schmelzen, die Herzen rundherum damit einstreichen und mit den Schokoladenherzchen verzieren.

Tipp

Sie können den Teig auch in einer großen Herzform backen. Die weiße Schokoladenglasur können Sie durch Zuckerguss ersetzen, der mit Lebensmittelfarbe in fast jede gewünschte Farbe eingefärbt werden kann.

Zutaten

für 5 kleine Herzformen (10–12 cm) in der Springform

Für den Teig:
100 g weiche Butter
125 g Zucker
1 Päckchen Vanillezucker
2 Eier
125 g Mehl
2 TL Backpulver
1 Prise Salz
etwas Milch
2 Bananen
80 g Vollmilchschokolade

Für den Guss:
weiße Schokoladenglasur

Außerdem:
weiche Butter und Mehl für die Backformen
Schokoladenherzchen zum Verzieren

Tipp

Anstelle von Sauerkirschen kann man auch Süßkirschen nehmen. Herrlich fruchtig schmeckt der Kuchen mit frischen Kirschen!

18 cm

Kirsch-Pinien-Kuchen

Zubereitung

1. Den Backofen auf 170 °C (Umluft 150 °C) vorheizen. Die Form mit Butter einfetten und mit Mehl ausstreuen. Die Sauerkirschen in ein Sieb schütten und gut abtropfen lassen.

2. Die Butter, den Vanillezucker und den Zucker cremig rühren, nach und nach die Eier hinzufügen und schaumig schlagen.

3. Das Mehl und das Backpulver in eine Schüssel sieben und zum Teig geben. Den Orangenabrieb und das Salz dazugeben und alles zu einem glatten Teig rühren. Von den Pinienkernen 1 EL für die Dekoration beiseitestellen, den Rest mit einem Rührlöffel unterheben.

4. Die Hälfte des Teiges in die Form füllen und mit einem Löffel glatt streichen. Von den Sauerkirschen 10 Stück für die Dekoration beiseitestellen, den Rest locker auf die Teigschicht streuen, aber nicht andrücken. Den restlichen Teig darübergeben und im Backofen 55–60 Minuten backen (Stäbchenprobe).

5. Nach Ablauf der Backzeit aus dem Ofen nehmen, 10 Minuten ruhen lassen, dann den Kuchen aus der Form lösen. Danach zum Abkühlen auf ein Kuchengitter setzen.

6. Inzwischen 2–3 EL Gelee bei schwacher Hitze in einem Topf schmelzen und den erkalteten Kuchen rundherum damit einpinseln. Mit Pinienkernen bestreuen und die restlichen Kirschen daraufsetzen.

Zutaten
für 1 Springform (18 cm)

Für den Teig:
140 g weiche Butter
½ Päckchen Vanillezucker
100 g Zucker
2 Eier
150 g Mehl
1 TL Backpulver
1 TL Orangenabrieb
1 Prise Salz
60 g Pinienkerne
300 g Sauerkirschen
 (aus dem Glas)

Zum Verzieren:
Aprikosen- oder
 Apfelgelee
Pinienkerne

Außerdem:
weiche Butter und Mehl
 für die Backform

Versunkener Aprikosenkuchen

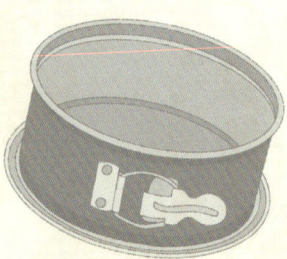

Zutaten
für 1 Springform (18 cm)

Für den Teig:
200 g Aprikosen (aus der Dose)
2 Eiweiß
1 TL Zitronensaft
75 g Butter
50 g Honig
2 Eigelb
100 g Dinkelmehl
½ TL Backpulver

Außerdem:
weiche Butter und Mehl für die Backform
Puderzucker zum Bestäuben

Zubereitung

1. Den Backofen auf 180 °C (Umluft 160 °C) vorheizen. Die Form mit Butter einfetten und mit Mehl ausstreuen. Die Aprikosen in ein Sieb schütten und gut abtropfen lassen.

2. Die beiden Eiweiße mit dem Zitronensaft zu steifem Schnee schlagen. Danach die Butter und den Honig solange verrühren, bis die Masse bindet. Dann die Eigelbe dazugeben und alles schaumig rühren.

3. Das Mehl und das Backpulver in eine Schüssel sieben, das Ganze gut vermischen und mit der Eiermasse zu einem glatten Teig verrühren. Anschließend den Eischnee unterheben.

Tipp

Wenn man die Aprikosen mit etwas Fruchtsaft bepinselt, bleibt der Puderzucker nur auf dem Teig sichtbar. Je nach Jahreszeit können Sie auch frische Aprikosen verwenden.

4. Den Teig in die Form füllen und die Aprikosenhälften auf dem Kuchen verteilen. Im Backofen ca. 30 Minuten backen (Stäbchenprobe).

5. Nach Ablauf der Backzeit den Kuchen herausnehmen, 10 Minuten in der Form ruhen lassen und dann zum Abkühlen auf ein Kuchengitter legen. Vor dem Servieren mit Puderzucker bestäuben.

Apfel-Nuss-Kuchen

Zutaten
für 1 Springform (18 cm)

Für den Teig:
3 Äpfel
140 g weiche Butter
½ Päckchen Vanillezucker
100 g Zucker
2 Eier
150 g Mehl
1 TL Backpulver
1 Prise Salz
80 g gehackte Walnüsse

Außerdem:
weiche Butter und Mehl
  für die Backform
Puderzucker zum Bestäuben

Zubereitung

1. Den Backofen auf 180 °C (Umluft 160 °C) vorheizen. Die Form mit Butter einfetten und mit Mehl ausstreuen. Die Äpfel schälen, vierteln, das Kerngehäuse entfernen und die Viertel kreuzweise oder in Längsrichtung einschneiden.

2. Die Butter, den Vanillezucker und den Zucker cremig rühren, nach und nach die Eier dazugeben und schaumig schlagen.

3. Das Mehl mit dem Backpulver in eine Schüssel sieben. Die Mehlmischung zügig mit dem Salz in die Eiermasse einrühren und alles zu einem glatten Teig verarbeiten. Die Walnüsse mit einem Rührlöffel unterheben.

4. Den Teig in die Form füllen und mit einem Löffel glatt streichen. Die Apfelstücke dicht aneinander auf den Teig legen.

5. Im Backofen ca. 40 Minuten backen (Stäbchenprobe). Nach Ablauf der Backzeit aus dem Ofen nehmen, den Kuchen 10 Minuten ruhen lassen, danach aus der Form lösen und zum Abkühlen auf ein Kuchengitter setzen.

6. Vor dem Servieren den Kuchen mit Puderzucker bestäuben.

Tipp

Am besten schmecken säuerliche Äpfel wie z. B. Boskop. Der Kuchen schmeckt aber auch mit Birnen sehr gut.

Käsekuchen mit Beeren

Zubereitung

1. Die Kekse im Blitzhacker fein zerkrümeln. Die Butter bei geringer Hitze schmelzen und mit den Krümeln vermischen. Die Springform mit Backpapier auslegen und die Krümel hineingeben. Den Boden und den Rand gut andrücken, sodass die ganze Form ausgekleidet ist, und dann kalt stellen.

2. Die Gelatine in kaltem Wasser einweichen. Den Frischkäse, den Ricotta, den Zucker, den Vanillezucker, den Zitronensaft und die Zitronenschale glatt rühren. Die Gelatine ausdrücken und bei geringer Hitze in einem kleinen Topf schmelzen.

3. 2–3 EL Creme einrühren, dann unter die übrige Creme heben. Die Sahne steif schlagen und unterziehen. In die Form füllen und mindestens 3 Stunden kalt stellen.

4. Zwischenzeitlich die Beeren abbrausen und trocken tupfen. Die Erdbeeren putzen und klein schneiden. Je ca. 70 g Himbeeren und Erdbeeren zusammen pürieren und mit dem Zucker einmal aufkochen lassen. Die Fruchtsoße abschmecken und erkalten lassen.

5. Zum Servieren den Käsekuchen aus der Form lösen, die Beeren darauf anrichten und mit der Soße beträufeln.

Zutaten
für 1 Springform (18 cm)

Für den Kuchen:
250 g Butterkekse
200 g Butter
4 Blatt Gelatine
400 g Frischkäse, Doppelrahmstufe
250 g Ricotta
125 g Zucker
2 EL Vanillezucker
Saft und abgeriebene Schale von ½ unbehandelten Zitrone
250 ml Sahne

Für die Beeren:
200 g Himbeeren
200 g Erdbeeren
125 g Heidelbeeren
3–4 EL Zucker

Tipp
Für den Boden des Käsekuchens eignen sich ebensogut andere Kekssorten, wie z.B. Hafer-, Vollkorn- oder auch Schokokekse.

Eierlikör-Torte mit Haselnusskrokant

Zutaten
für 1 Springform (18 cm)

Für den Teig:
2 Eier
40 g Butter
50 g Zucker
100 g gemahlene Haselnüsse
½ TL Backpulver
50 g Schokoladenstreusel
1 EL Rum
10 ml Eierlikör

Für die Füllung:
400 ml süße Sahne
2 Päckchen Sahnesteif
1 Päckchen Vanillezucker
Eierlikör

Außerdem:
weiche Butter und Mehl
  für die Backform
Haselnusskrokant zum
  Verzieren

Zubereitung

1. Den Backofen auf 180 °C (Umluft 160 °C) vorheizen. Die Form mit Butter einfetten und mit Mehl ausstreuen.

2. Die Eier trennen und die beiden Eiweiße zu steifem Schnee schlagen und beiseitestellen. Danach die Butter und den Zucker cremig rühren. Die Eigelbe dazugeben und auf hoher Stufe einige Minuten weiterrühren, bis sich eine cremige Masse gebildet hat.

3. Die gemahlenen Haselnüsse mit dem Backpulver vermischen und zusammen mit den Schokostreuseln in die Eiermasse geben. Den Rum und den Eierlikör dazugießen. Die Zutaten kurz miteinander verrühren und zum Schluss den Eischnee unterheben.

4. Den Teig in die Form füllen und im Backofen 30–35 Minuten backen (Stäbchenprobe). Nach Ablauf der Backzeit den Tortenboden herausnehmen, ca. 10 Minuten in der Form ruhen lassen und danach zum Abkühlen auf ein Kuchengitter legen.

5. In der Zwischenzeit die Sahne mit dem Sahnesteif und dem Vanillezucker steif schlagen.

6. Wenn der Tortenboden gut ausgekühlt ist, einmal quer durchschneiden. Die untere Hälfte mit Sahne bestreichen, den zweiten Boden daraufsetzen und die Torte rundherum mit Sahne bestreichen. Mithilfe eines Spritzbeutels einen geschlossenen Rand aus kleinen Rosetten auf die Torte spritzen und so viel Eierlikör daraufgießen, bis ein schöner Spiegel entsteht. Den Rand mit Haselnusskrokant verzieren.

Eierlikör-Torte mit Haselnusskrokant

Bienenstich

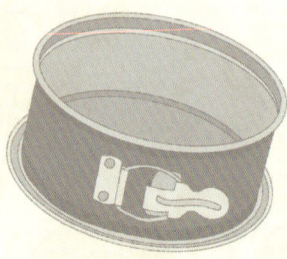

Zutaten
für 1 Springform (18 cm)

Für den Teig:
250 g Mehl
½ Würfel Hefe
25 g Zucker
65 ml lauwarme Milch
75 g weiche Butter
1 Prise Salz
1 Ei

Für den Belag:
50 g Butter
50 g Honig
100 g Mandelblättchen

Für die Füllung:
1 Päckchen Bourbon-Vanille-
   puddingpulver
35 g Zucker
375 ml Milch
125 ml süße Sahne
1 Päckchen Sahnesteif

Außerdem:
weiche Butter und Mehl
   für die Backform

Zubereitung

1. Den Backofen auf 180 °C (Umluft 160 °C) vorheizen. Die Form mit Butter einfetten und mit Mehl ausstreuen. Den Pudding nach Packungsanweisung zubereiten, jedoch nur mit der hier angegebenen Menge Milch und Zucker.

2. Das Mehl in eine Schüssel sieben und in die Mitte eine Mulde drücken. Die frische Hefe hineinbröckeln, etwas Zucker darübergeben, mit der lauwarmen Milch übergießen und mit einem Teil des Mehls zu einem Vorteig verrühren. Zugedeckt 15–25 Minuten gehen lassen.

3. Wenn sich der Vorteig verdoppelt hat, die weiche Butter, den Zucker, das Salz und das Ei dazugeben und mit dem restlichen Mehl verrühren. Mit den Knethaken des Handrührgerätes kneten. Aus der Schüssel nehmen und auf der Arbeitsfläche nochmals mit den Händen kräftig durcharbeiten. In einer Schüssel weitere 20–30 Minuten gehen lassen. Den Teig nochmals durchkneten, halbieren und eine Hälfte mit den Händen rund ausziehen und in die Springform geben. Die zweite Hälfte anderweitig verwenden oder einfrieren.

4. Für den Belag die Butter und den Honig in einem Topf schmelzen. Danach die Mandelblättchen hinzufügen, alles gut vermengen und auf den Teig streichen. Im Backofen ca. 20 Minuten backen.

5. Nach Ablauf der Backzeit aus dem Ofen nehmen, 10 Minuten ruhen lassen, danach den Kuchen aus der Form lösen und zum Abkühlen auf ein Kuchengitter setzen. Wenn er erkaltet ist, einmal quer durchschneiden.

6. Die Sahne mit dem Sahnesteif schlagen und den Vanillepudding unterheben. Den unteren Boden mit der Füllung bestreichen, den Mandeldeckel darauflegen und den Kuchen servieren.

Achtung: Die angegebenen Zutaten für den Teig ergeben zwei Kuchen. Es ist jedoch nicht ratsam, diese Mengen zu halbieren. Besser ist es, die komplette Menge zuzubereiten, dann den fertigen Teig zu halbieren und den Rest einzufrieren.

Bienenstich

Pfirsich-Sahne-Biskuit

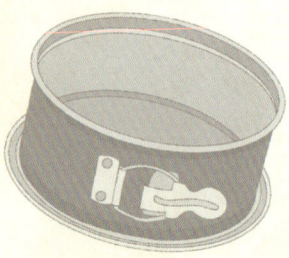

Zutaten
für 1 Springform (18 cm)

Für den Teig:
1 Ei
35 g Zucker
1 TL Vanillezucker
25 g Mehl
½ TL Backpulver
10 g Speisestärke
2 TL Kakao

Für den Belag:
250 ml süße Sahne
1 kleine Dose halbierte Pfirsiche

Außerdem:
weiche Butter und Mehl für die Backform
Schokoladenornamente zum Verzieren

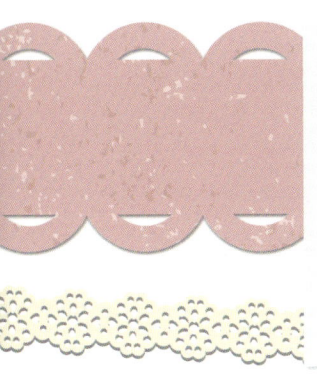

Tipp

Dieses wirklich schnelle Rezept ist immer dann geeignet, wenn sich unangemeldeter Besuch einfindet. Die Zubereitung dauert nicht viel länger als 30 Minuten. Als Belag können Sie jede Obstsorte verwenden, die sich in Ihrer Vorratskammer findet.

Zubereitung

1. Den Backofen auf 180 °C (Umluft 160 °C) vorheizen. Die Form mit Butter einfetten und mit Mehl ausstreuen. Die Pfirsiche abgießen, gut abtropfen lassen und je drei Hälften mit einem scharfen Messer in Spalten schneiden.

2. Das Ei trennen und das Eiweiß zu steifem Schnee schlagen. Das Eigelb zusammen mit dem Zucker, dem Vanillezucker und 4 TL warmem Wasser mit den Schneebesen des Handrührgerätes schaumig schlagen.

3. Das Mehl zusammen mit dem Backpulver, der Speisestärke und dem Kakao in eine Schüssel sieben. Danach zur Eiermasse geben und zu einem glatten Teig rühren. Den Eischnee mit einem Schneebesen vorsichtig unter den Teig heben.

4. Den Teig in die Form füllen und im Backofen ca. 20 Minuten backen (Stäbchenprobe). Nach Ablauf der Backzeit herausnehmen, fünf Minuten in der Form ruhen lassen, danach aus der Form lösen und zum Abkühlen auf ein Kuchengitter legen.

5. Wenn der Tortenboden erkaltet ist, die Sahne steif schlagen und mit einem Löffel unregelmäßig darauf verteilen. Die Pfirsichspalten in die Sahne drücken und die Torte mit den Schokoladenornamenten verzieren.

Pfirsich-Sahne-Biskuit

Erdbeer-Sahnetorte

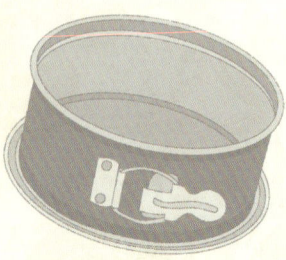

Zutaten
für 1 Springform (18 cm)

Für den Teig:
2 Eier
50 g Zucker
1 Prise Salz
25 g Mehl
25 g Speisestärke
25 g Butter

Für die Füllung:
400 ml süße Sahne
1 Päckchen Vanillezucker
2 Päckchen Sahnesteif
1 Handvoll Erdbeeren

Außerdem:
weiche Butter und Mehl
  für die Form
Schokoladenornamente und
  Raspelschokolade zum
  Verzieren

Zubereitung

1. Den Backofen auf 180 °C (Umluft 160 °C) vorheizen. Die Form mit Butter einfetten und mit Mehl ausstreuen. Die Erdbeeren waschen und putzen. Vier schöne Exemplare für die Dekoration beiseitestellen, die restlichen Erdbeeren klein schneiden.

2. Die Eier zusammen mit dem Zucker und dem Salz im heißen Wasserbad mit den Schneebesen des Handrührgerätes 5 Minuten schaumig schlagen.

3. Das Mehl und die Speisestärke in eine Schüssel sieben. Die Butter bei schwacher Hitze schmelzen, sie darf nicht zu heiß sein. Die Mehlmischung in die Eiermasse geben und unter Rühren die Butter in einem dünnen Strahl dazufließen lassen.

4. Den Biskuitteig in die Form füllen und im Backofen 20–25 Minuten backen (Stäbchenprobe). Nach Ablauf der Backzeit den Biskuit ca. 10 Minuten ruhen lassen, dann aus der Form lösen und zum Abkühlen auf ein Kuchengitter legen. In der Zwischenzeit die Sahne mit dem Sahnesteif und dem Vanillezucker steif schlagen. Einen Teil davon für die Verzierung in einen Spritzbeutel füllen.

5. Wenn der Tortenboden gut ausgekühlt ist, zweimal quer durchschneiden. Den unteren Boden mit etwas Sahne bestreichen und die Hälfte der klein geschnittenen Erdbeeren darübergeben. Den zweiten Boden darauflegen, mit Sahne bestreichen und mit Erdbeeren belegen. Zum Schluss den dritten Teil daraufsetzen und die Torte rundherum mit der restlichen Sahne bestreichen.

6. Den Rand der Torte wellenförmig mit Raspelschokolade bestreuen. Mithilfe des Spritzbeutels Sahnetupfer auf die Torte setzen und abwechselnd mit einer Erdbeere und einem Schokoladenornament verzieren.

Tipp

Sehr erfrischend wird die Torte, wenn Sie die Sahne mit etwas Minzlikör aromatisieren und die Schokoladenornamente durch Minz-Blättchen ersetzen.

Tipp

Eine besonders aromatische Variante: Marinieren Sie die Birnen vor dem Belegen in Williams-Christ-Birnenbrand.

18 cm

Schokoladen-Birnentorte

Zubereitung

1. Den Backofen auf 180 °C (Umluft 160 °C) vorheizen. Die Form mit Butter einfetten und mit Mehl ausstreuen. Die Birnen abschütten und gut abtropfen lassen. 4–5 schöne Spalten für die Dekoration beiseitestellen.

2. Die Eier zusammen mit dem Zucker und dem Salz im heißen Wasserbad mit den Schneebesen des Handrührgerätes 5 Minuten schaumig schlagen.

3. Das Mehl, die Speisestärke und den Kakao in eine Schüssel sieben. Die Butter bei schwacher Hitze schmelzen, sie darf nicht zu heiß sein. Die Mehlmischung in die Eiermasse geben und unter Rühren die Butter in einem dünnen Strahl dazufließen lassen.

4. Den Teig in die Form füllen und im Backofen 20–25 Minuten backen (Stäbchenprobe). Nach Ablauf der Backzeit den Biskuit ca. 10 Minuten ruhen lassen, dann aus der Form lösen und zum Abkühlen auf ein Kuchengitter legen.

5. In der Zwischenzeit die Sahne mit dem Sahnesteif, dem Vanillezucker und dem Kakao steif schlagen. Einen Teil davon für die Verzierung in einen Spritzbeutel füllen.

6. Wenn der Tortenboden gut ausgekühlt ist, zweimal quer durchschneiden. Den unteren Boden mit etwas Sahne bestreichen und mit den Birnen belegen. Den zweiten Boden darauflegen und wiederum mit Sahne bestreichen. Zum Schluss den dritten Teil daraufsetzen und die Torte rundherum mit der restlichen Sahne bestreichen.

7. Den Rand der Torte mit Raspelschokolade bestreuen. Mithilfe des Spritzbeutels die Torte unregelmäßig verzieren und mit Birnenspalten und Schokoladenblättern belegen.

Zutaten
für 1 Springform (18 cm)

Für den Teig:
2 Eier
50 g Zucker
1 Prise Salz
25 g Mehl
25 g Speisestärke
15 g Kakao
25 g Butter

Für die Füllung:
400 ml süße Sahne
2 Päckchen Sahnesteif
1 Päckchen Vanillezucker
10 g Kakao
2 kleine Dosen Birnen

Außerdem:
weiche Butter und Mehl für die Backform
Schokoladenblätter und Raspelschokolade zum Verzieren

Schwarzwälder Kirschtorte

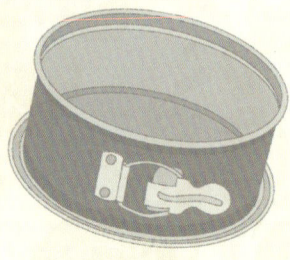

Zutaten
für 1 Springform (18 cm)

Für den Teig:
2 Eier
50 g Zucker
1 Prise Salz
25 g Mehl
25 g Speisestärke
2 TL Kakao
25 g Butter

Für die Füllung:
1–2 TL Speisestärke
½ Glas Schattenmorellen
400 g süße Sahne
2 Päckchen Sahnesteif
1 EL Kirschwasser

Außerdem:
weiche Butter und Mehl
  für die Backform
geraspelte Blockschokolade
  zum Verzieren

Tipp

Die Schattenmorellen aus dem Glas können Sie durch 500 g frische Kirschen ersetzen, dann schmeckt die Torte noch fruchtiger.

Zubereitung

1. Den Backofen auf 180 °C (Umluft 160 °C) vorheizen. Die Form mit Butter einfetten und mit Mehl ausstreuen. Die Kirschen abschütten, dabei den Saft auffangen. 8 Kirschen für die Dekoration beiseitestellen.

2. Die Eier zusammen mit dem Zucker und dem Salz im heißen Wasserbad mit den Schneebesen des Handrührgerätes 5 Minuten schaumig schlagen.

3. Das Mehl, die Speisestärke und den Kakao in eine Schüssel sieben. Die Butter bei schwacher Hitze schmelzen, sie darf nicht zu heiß sein. Die Mehlmischung in die Eiermasse geben und unter Rühren die Butter in einem dünnen Strahl dazufließen lassen.

4. Den Biskuitteig in die Form füllen und im Backofen 20–25 Minuten backen (Stäbchenprobe). Nach Ablauf der Backzeit den Biskuit ca. 10 Minuten ruhen lassen, dann aus der Form lösen und zum Abkühlen auf ein Kuchengitter legen. Wenn der Tortenboden gut ausgekühlt ist, ihn zweimal quer durchschneiden.

5. In der Zwischenzeit 1/8 l Kirschsaft mit der Speisestärke in einem Topf verrühren, die Kirschen dazugeben und einmal aufkochen lassen, bis die Früchte etwas gelieren. Den Topf vom Herd nehmen und gut abkühlen lassen.

6. Die Sahne mit dem Sahnesteif und dem Kirschwasser steif schlagen. Einen Teil davon für die Verzierung in einen Spritzbeutel füllen. Den unteren Boden mit etwas Sahne bestreichen und mit den Kirschen belegen. Den zweiten Boden darauflegen und wiederum mit Sahne bestreichen. Zum Schluss den dritten Teil daraufsetzen und rundherum mit der restlichen Sahne bestreichen.

7. Mithilfe des Spritzbeutels die Torte mit Sahnetupfen verzieren und die Kirschen daraufsetzen. Rundherum mit der geraspelten Blockschokolade bestreuen.

Berliner-Luft-Torte

Zutaten
für 2 Springformen (18 cm)

Für den Teig:
50 g weiche Butter
50 g Zucker
½ Päckchen Vanillezucker
2 Eigelb
65 g Mehl
1 TL Backpulver
10 ml Milch

Für den Eischnee:
2 Eiweiß
100 g Zucker
30 g Mandelblättchen

Für die Füllung:
250 ml süße Sahne
1 Päckchen Sahnesteif
½ Päckchen Vanillezucker
1 kleine Dose Mandarinen

Außerdem:
weiche Butter und Mehl
für die Backform

Zubereitung

1. Den Backofen auf 160 °C Umluft vorheizen. Die Formen mit Butter einfetten und mit Mehl ausstreuen. Die Mandarinen abschütten und gut abtropfen lassen.

2. Die Butter, den Zucker und den Vanillezucker cremig rühren. Die Eigelbe nach und nach hinzufügen und schaumig schlagen.

3. Das Mehl in eine Schüssel sieben, mit dem Backpulver vermischen und zur Butter-Eigelb-Mischung geben. Die Milch dazugießen und alles zu einem glatten Teig rühren. Die Eiweiße mit dem Zucker zu steifem Schnee schlagen.

4. Die Teigmenge halbieren und in die Springformen verteilen. Auf einem der beiden Böden das steif geschlagene Eiweiß streichen und mit den Mandelblättchen bestreuen. Die Formen im Backofen ca. 20 Minuten backen (Stäbchenprobe). Die Böden sollten leicht gebräunt, aber nicht dunkel werden.

5. Nach Ablauf der Backzeit das Blech aus dem Ofen nehmen, 10 Minuten ruhen lassen, dann die Böden aus den Formen lösen und zum Abkühlen auf ein Kuchengitter setzen.

6. Die Sahne mit dem Sahnesteif und dem Vanillezucker steif schlagen. Den ersten Boden auf einen Kuchenteller legen, etwas Sahne darauf streichen, mit den Mandarinen belegen und die verbliebene Sahne darübergeben.

7. Den zweiten Boden mit den Mandelblättchen gleich in die entsprechende Anzahl der Tortenstücke schneiden und einzeln darauflegen.

Tipp

Wenn Sie nur eine Springform in der Größe besitzen, können Sie die Böden auch nacheinander backen.

Berliner-Luft-Torte

Tipp

Dieser Kuchen sieht zwar auf den ersten Blick nicht sehr attraktiv aus, enthüllt aber beim Anschneiden sein köstliches „Innenleben". Der ideale Überraschungskuchen für den Kindergeburtstag!

18 cm

Maulwurfhügelchen

Zubereitung

1. Den Backofen auf 160 °C (Umluft 140 °C) vorheizen. Die Form mit Butter einfetten und mit Mehl ausstreuen. Die Zartbitterschokolade im heißen Wasserbad schmelzen.

2. Die Eier trennen. Die Eiweiße mit dem Salz zu schnittfestem Eischnee schlagen.

3. Die Butter und den Zucker cremig rühren. Die Eigelbe nach und nach hinzufügen und schaumig schlagen.

4. Die Mandeln zur Eiermasse geben und unter Rühren die Schokolade in einem feinen Strahl in den Teig fließen lassen. Zum Schluss den Eischnee vorsichtig unterheben.

5. Den Teig in die Form füllen und ca. 80 Minuten backen. Nach Ablauf der Backzeit das Blech aus dem Ofen nehmen, 10 Minuten ruhen lassen, danach den Kuchen aus dem Ring lösen und zum Abkühlen auf ein Kuchengitter setzen.

6. Wenn der Kuchen erkaltet ist, in der Mitte aushöhlen, sodass rundherum ein ca. 1 cm breiter Rand stehenbleibt. Den entnommenen Kuchenteig fein zerkrümeln und beiseitestellen.

7. Die Sahne mit dem Sahnesteif und dem Vanillezucker steif schlagen. Die Schokostreusel unterheben. Mit einem großen Messer oder einer Kuchenpalette die Sahne in den ausgehöhlten Kuchen füllen und zu einem Hügel formen, den Rand ebenfalls mit Sahne bestreichen. Zum Schluss die Kuchenkrümel rundherum auf die Sahne streuen.

Zutaten
für 1 Springform (18 cm)

Für den Teig:
100 g Zartbitterschokolade
6 Eier
1 Prise Salz
75 g weiche Butter
125 g Zucker
100 g fein gemahlene Mandeln

Für die Füllung:
250 ml süße Sahne
2 Päckchen Sahnesteif
1 Päckchen Vanillezucker
100 g Schokostreusel

Außerdem:
weiche Butter und Mehl für die Backform

Frankfurter Kranz

Zutaten
für 1 Springform mit Rohrboden (20 cm)

Für den Teig:
3 kleine Eier
25 g Zucker
60 g Mehl
65 g Speisestärke
1 Messerspitze Backpulver
65 g Butter

Für den Krokant:
50 g gehobelte Mandeln
125 g Zucker

Für die Buttercreme:
100 g Puderzucker
200 g weiche Butter
100 g fertig gekochter Vanillepudding

Außerdem:
weiche Butter und Mehl für die Backform
einige Zuckerblüten zum Verzieren

Zubereitung

1. Den Backofen auf 180 °C (Umluft 160 °C) vorheizen. Die Form mit Butter einfetten und mit Mehl ausstreuen.

2. Für den Biskuit die Eier und den Zucker in eine Rührschüssel geben. Unter ständigem Rühren mit dem Schneebesen im Wasserbad handwarm anwärmen. Herausnehmen und mit einem Rührgerät schaumig rühren, bis die Eiermasse wieder erkaltet ist.

3. Das Mehl mit der Speisestärke und dem Backpulver in eine weitere Schüssel sieben und gut vermischen. Die Butter handwarm zerlassen. Das vorbereitete Mehl behutsam unter die schaumige Eiermasse heben. Vorsichtig die flüssige Butter unterrühren.

4. Die Masse in die Form füllen und ca. 30 Minuten backen (Stäbchenprobe). Nach dem Backen aus der Form nehmen und auf einem Kuchengitter auskühlen lassen.

5. Für den Krokant die Mandeln auf einem mit Backpapier ausgelegten Kuchenblech bei ca. 180 °C im Backofen rösten, bis sie eine goldbraune Farbe zeigen. Den Zucker in einer Pfanne oder Stielkasserolle vorsichtig schmelzen und die gerösteten Mandeln einrühren. Die heiße Masse sofort auf ein gefettetes Kuchenblech streichen und auskühlen lassen.

6. Für die Buttercreme den Puderzucker in eine Rührschüssel sieben, die weiche Butter dazugeben und mit einem Handrührgerät schaumig schlagen. Dann den fertig gekochten Vanillepudding einrühren. Der Vanillepudding sollte möglichst Zimmertemperatur haben.

7. Den gut ausgekühlten Kranz zweimal durchschneiden und mit der Buttercreme füllen. Etwas Buttercreme für die ca. 10 Rosetten beiseitestellen und mit der restlichen Creme den Kranz bestreichen.

8. Den auf dem Backblech erkalteten Krokant zerstoßen und mit dem Rollholz auf die gewünschte Körnigkeit ausrollen.

9. Den vorbereiteten Kranz innen und außen mit dem Krokant verzieren. Die zurückbehaltene Creme in einen kleinen Spritzbeutel mit Sterntülle füllen und den Kuchen mit Rosetten verzieren. Auf jede Rosette eine Zuckerdekoration setzen.

Frankfurter Kranz

Mandarinen-Käse-Sahne

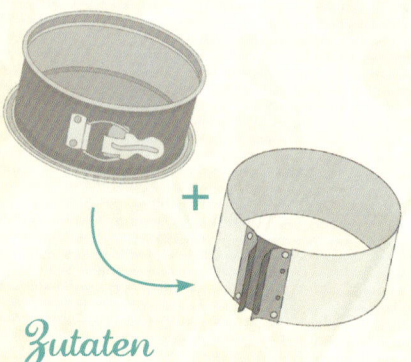

Zutaten
für 1 Springform (18 cm)
+1 Tortenring (18 cm)

Für den Teig:
2 Eier
75 g Zucker
½ Päckchen Vanillezucker
100 g Mehl
½ TL Backpulver

Für die Füllung:
375 g Magerquark
100 g Zucker
1 kleine Dose Mandarinen
6 Blatt Gelatine
300 ml süße Sahne

Außerdem:
Puderzucker zum Bestäuben

> **Tipp**
> Statt mit Mandarinen können Sie diese Torte nach Belieben auch mit anderen Früchten oder Beeren zubereiten.

Zubereitung

1. Den Backofen auf 180 °C (Umluft 160 °C) vorheizen.

2. Die Eier trennen und die Eiweiße mit 2 EL kaltem Wasser steif schlagen. Den Zucker und den Vanillezucker dabei einrieseln lassen, bis ein glänzender Eischnee entsteht. Zum Schluss die beiden Eigelbe auf Stufe 1 des Handrührgeräts unterziehen.

3. Das Mehl zusammen mit dem Backpulver auf die Eiermasse sieben und mit einem Schneebesen von Hand unterheben.

4. Eine Springform rundherum mit Backpapier auslegen und den Biskuitteig einfüllen. Im Backofen 20–25 Minuten backen. Nach Ablauf der Backzeit herausnehmen, 10 Minuten ruhen lassen, dann den Biskuit aus der Form lösen und zum Abkühlen auf ein Kuchengitter legen. Wenn der Tortenboden ausgekühlt ist, einmal quer durchschneiden.

5. Für die Füllung den Quark mit dem Zucker glattrühren. Die Mandarinen in ein Sieb schütten, dabei den Saft in einem mikrowellengeeigneten Gefäß auffangen. Die Gelatine in dem Mandarinensaft einweichen und kurz in der Mikrowelle erhitzen, bis sie sich aufgelöst hat. Falls keine Mikrowelle vorhanden ist, die Flüssigkeit auf dem Herd erwärmen und die Gelatine darin auflösen. Danach zunächst 1–2 EL der Quarkmasse in die flüssige Gelatine geben, schnell verrühren, alles in die Quarkmasse geben und unterrühren. Zum Schluss die Sahne steif schlagen und vorsichtig unterheben.

6. Den Tortenring auf eine Tortenplatte legen, einen Boden hineinlegen und die Hälfte der Quark-Sahne-Masse darauf verteilen. Die Mandarinen daraufgeben und mit der restlichen Creme übergießen. Das Ganze in den Kühlschrank stellen und mindestens 4 Std. kalt stellen.

7. Vor dem Servieren aus dem Tortenring lösen. Den zweiten Boden in beliebig große Stücke schneiden und auf die Torte legen. Zum Schluss mit Puderzucker bestäuben.

Baisertorte mit kandierten Rosenblättern

Zutaten
für 2 verschiebbare Backbleche

Für die Dekoration:
1 Eiweiß
feiner Kristallzucker zum Bestreuen
1 Handvoll frische Rosenblütenblätter
Puderzucker zum Bestäuben

Für die Baiserböden:
8 Eiweiß
2 EL Zitronensaft
350 g Puderzucker

Für die Füllung:
1 Vanilleschote
½ l Milch
5 Eigelb
100 g Zucker
40 g Mehl
150 g Kirschkonfitüre

Zubereitung

1. Den Backofen auf 120 °C (100 °C Umluft) vorheizen. Zwei Backbleche mit Backpapier belegen. Für die Dekoration das Eiweiß leicht schlagen und die Rosenblätter von beiden Seiten damit einpinseln. Mit Zucker bestreuen und auf Backpapier ca. 3 Stunden trocknen lassen.

2. Die Eiweiße mit dem Zitronensaft zu sehr steifem Schnee schlagen, den Puderzucker nach und nach einrieseln lassen. Solange weiterrühren, bis eine schnittfeste, glänzende Masse entstanden ist.

3. Die Masse in einen Spritzbeutel mit großer Lochtülle füllen. Auf die vorbereiteten Backbleche 3 Tortenböden mit je ca. 22 cm Durchmesser aufspritzen. Im Backofen ca. 40 Minuten backen. Aus dem Ofen nehmen und auf Kuchengittern gut auskühlen lassen.

4. Die Vanilleschote längs aufschneiden und das Vanillemark herauskratzen. Das Vanillemark mit der Vanilleschote in die Milch rühren und aufkochen lassen. Die Eigelbe und den Zucker in einer Schüssel cremig rühren, das Mehl dabei nach und nach untermischen.

5. Die kochende Milch in die Eigelbcreme rühren, danach alles zurück in den Topf gießen. Die Vanilleschote herausnehmen und auf kleiner Flamme unter ständigem Rühren einmal aufwallen lassen. Die Vanillecreme durch ein Sieb streichen, abkühlen lassen, dabei gelegentlich umrühren.

6. Zum Fertigstellen einen Baiserboden auf eine Kuchenplatte legen. Die Hälfte der Kirschkonfitüre und danach die Hälfte der Vanillecreme darauf verstreichen. Einen weiteren Boden auflegen und die restliche Konfitüre und Vanillecreme daraufgeben. Mit dem dritten Baiser abschließen, leicht andrücken und mit Puderzucker bestäubt und mit den Rosenblättern garniert servieren.

Tipp

Planen Sie mindestens 3 Stunden zum Trocknen der Rosenblätter ein. Sie können die kandierten Rosenblätter auch schon am Vortag zubereiten und über Nacht trocknen lassen.

Baisertorte mit kandierten Rosenblättern

Pfirsich-Biskuit-Rolle

Zutaten
für 1 verschiebbares Backblech

Für den Teig:
2 Eier
60 g Zucker
½ Päckchen Vanillezucker
1 Prise Salz
35 g Mehl
25 g Speisestärke
30 g Butter

Für die Füllung:
400 ml süße Sahne
15 g Zucker
2 Päckchen Sahnesteif
225 g Pfirsiche
  (aus der Dose)

Außerdem:
Schokoflocken zum Verzieren

Zubereitung

1. Den Backofen auf 180 °C (Umluft 160 °C) vorheizen. Die Pfirsiche abschütten und gut abtropfen lassen.

2. Die Eier zusammen mit dem Zucker, dem Vanillezucker, dem Salz und 2 EL heißem Wasser mit den Schneebesen des Handrührgerätes 5 Minuten schaumig schlagen.

3. Das Mehl und die Speisestärke in eine Schüssel sieben. Die Butter bei schwacher Hitze schmelzen, sie darf nicht zu heiß sein. Die Mehlmischung in die Eiermasse geben und unter Rühren die Butter in einem dünnen Strahl dazufließen lassen.

4. Ein Backblech auf 33 x 33 cm zusammenschieben und mit Backpapier auslegen. Den Teig daraufgeben und 15–20 Minuten backen (Stäbchenprobe).

5. Nach Ablauf der Backzeit den Biskuit mit einem feuchten Geschirrtuch bedecken und vorsichtig darauf stürzen. Das Backpapier abziehen. In der Zwischenzeit die Pfirsiche würfeln, ein paar schöne Spalten für die Dekoration beiseitelegen.

6. Die Sahne mit dem Sahnesteif und dem Zucker steif schlagen. Einen Teil davon für die Verzierung in einen Spritzbeutel füllen. Die Pfirsichwürfel zur einen Hälfte der Sahne geben und unterheben. Den Biskuitboden mit der Pfirsichsahne bestreichen.

7. Mithilfe des Geschirrtuches den Boden aufrollen. Danach auf eine Platte legen und mit der restlichen Sahne verzieren. Zum Schluss mit den Pfirsichspalten und den Schokoflocken dekorieren.

Tipp
Je nach Saison können Sie diese Biskuitrolle auch mit frischen Beeren füllen.

Pfirsich-Biskuit-Rolle

Register

Apfel-Nuss-Kuchen 52
Apfel-Zimt-Kuchen 30
Aprikosen-Quark-Herzen 44

Baisertorte mit kandierten
  Rosenblättern 76
Bananen-Schoko-Herzen 46
Berliner-Luft-Torte 68
Bienenstich 58
Birnen-Schokokuchen 24
Bunt verzierte Kinderkuchen 22

Eierlikörkuchen 38
Eierlikör-Torte mit
  Haselnusskrokant 56
Erdbeer-Sahnetorte 62

Frankfurter Kranz 72

Gugelhupf mit Rosinen 12

Herzkuchen mit Creme-
  füllung 41

Johannisbeerkuchen 36

Käsekuchen mit Beeren 54
Kirsch-Pinien-Kuchen 48
Kokos-Schoko-Kästchen 28

Mandarinen-Käse-Sahne 74
Marmorkuchen mit Vanille-
  pudding 16
Maulwurfhügelchen 70
Mini-Gugelhupf mit
  Cranberrys 18
Mini-Gugelhupf mit Honig 21
Mini-Gugelhupf mit
  Thymian 20
Mirabellen-Kuchen 24

Napfkuchen mit bunten
  Schokolinsen 8
Napfkuchen mit Rhabarber
  und Kokos 10

Orangen-Feigenkuchen 24

Pfirsich-Sahne-Biskuit 60
Pfirsich-Biskuit-Rolle 78

Rosinenkuchen mit
  Raspelschokolade 34
Rotweinkuchen mit
  Schokoladenspänen 14
Rumkuchen 19

Schoko-Feigen-Kuchen 32
Schoko-Pistazienkuchen 24
Schokokuchen 37
Schokoladen-Birnentorte 64
Schokoladenherzen 42
Schwarzwälder Kirschtorte 66

Valentinstorte mit
  Rosenblättern 40
Versunkener Aprikosen-
  kuchen 50

Zitronenkuchen 26

© 2014 design cat GmbH

Genehmigte Lizenzausgabe
EDITION XXL GmbH
Fränkisch-Crumbach 2014
www.edition-xxl.de

Idee und Projektleitung:
Sonja Sammüller
Layout, Satz und Umschlaggestaltung:
design cat GmbH

ISBN (13) 978-3-89736-188-1
ISBN (10)   3-89736-188-4

Der Inhalt dieses Buches wurde von Autor und Verlag sorfältig erwogen und geprüft. Es kann keine Haftung für Personen-, Sach- und/oder Vermögensschäden übernommen werden.

Kein Teil dieses Werkes darf ohne schriftliche Einwilligung des Verlages in irgendeiner Form (inkl. Fotokopien, Mikroverfilmung oder anderer Verfahren) reproduziert oder unter Verwendung elektronischer oder mechanischer Systeme verarbeitet, vervielfältigt oder verbreitet werden.

Bildnachweis:

picture-alliance: StockFood/Eising Studio - Food Photo & Video 20, 37, 40; StockFood/Finley, Marc O. 77; StockFood/Foodcollection 9; StockFood/Holz, Michael 43; StockFood/King, Dave 41; StockFood/Kirchherr, Jo 10; StockFood/Lerner, Danny 21, Cover front; StockFood/Lister, Louise 31, Cover back; StockFood/Schindler, Martina 18, Cover back; StockFood/Tetra 23; StockFood/Winkelmann, Bernhard 24–25; StockFood/Young, Andrew 54

Shutterstock: Africa Studio 57; Beauty photographer 22; Daria Minaeva 16; fredredhat 5; GoodMood Photo 44; images72 5; Kondor83 34; kristina rutten 19; Kues 26; Lidante 64; little Whal 2, 3, 4, 8–9, 10–11, 12–13, 14–15, 16–17, 18, 19, 20, 21, 22, 24, 26–27, 28–29, 30–31, 32–33, 34–35, 36–37, 38–39, 40, 41, 42–43, 44–45, 46–47, 48–49, 50, 52, 54–55, 56–57, 58, 60–61, 62, 64–65, 66, 68, 70–71, 72, 74, 76–77, 78–79; Marina Onokhina 4–5, 6–7; M. Unal Ozmen 6; olyfreak 28; Ozerina Anna 8, 11, 12, 15, 17, 18, 19, 20, 21, 23, 24, 27, 29, 30, 33, 35, 36, 37, 38, 40, 41, 42, 45, 47, 49, 50, 52, 55, 56, 58, 60, 62, 65, 66, 68, 71, 72, 74, 76, 78; quipu-art 38; Ramon Antinolo 70; Vasily Mulyukin 5; Viktoria Gavrilina 5; wanpatsorn 79; Xiebiyun 32